I0172474

www.ingramcontent.com/pod-product-compliance
Lightning Source LLC
Chambersburg PA
CBHW060405050426
42449CB00009B/1910
* 9 7 8 1 7 3 6 1 2 9 1 5 9 *

یادگاری...۱

یادگاری..۲

یادگاری

یوسف شرکاء

نشر از: چشمه کتاب

نام کتاب	یادگاری
نویسنده	زنده یاد یوسف شرکاء
ویراستار	مهشید آژیر
جلد و صفحه بندی	علی توکلی
تاریخ انتشار	جولای۲۰۲۱
محل انتشار	کالیفرنیا آمریکا
شماره ISBN	۹۳۸۱۷۳۶۱۲۹۱۳۵

این کتاب بوسیله شرکت چشمه کتاب در سایت آمازون موجودمیباشد

http://www.amazon.com/

یادگاری..۵

سرآغاز

این کتاب مجموعه ای از آثار زنده یاد پدرمان یوسف شرکاء میباشد، که به یادگار برای ما فرزندان ایشان بجای مانده که بمناسبت صدمین سالگرد تولد ایشان جمع آوری شده و بچاپ رسیده است.
این مجموعه در سه قسمت ارائه میشود که شامل اشعار خطی ایشان ، تکه های از روزنامه کیهان چاپ لندن و بحر طویل هایی که جداگانه نوشته شده اند.

تعدادی از اشعار و نوشته های ایشان که در روزنامه کیهان چاپ لندن منتشر گردیده است ، که بصورت فتو کپی میباشد وبعلت مرور زمان شاید کمی ایراد داشته باشد . ولی بودن آنها در این کتاب مایه مباهات ماست که در زمان خود، پدرمان چقدر محبوب خوانندگان و دست اندرکاران روزنامه کیهان بوده است .

اشعار ایشان که همگی جنبه پند آمیزی دارد و داستانهای کهن را به شیوه نوظهور ارائه میدهد. بعضی از آنها در روزنامه کیهان بچاپ رسیده و بعض دیگر را که دست نوشته خودشان بود تایپ کرده و تقدیم میگردد.

قسمت سوم نوشته هائی است که بطریق بحر طویل (نوشته های طولانی و ریتم دار میباشد و بصورت شعر خوانده میشود) نوشته شده که سبک بسیار زیبا ئی دارد و اکثرا طنز های دلنشینی هستند.

پدر ما یوسف شرکاء در سال ۱۳۰۰ خورشیدی در کاشان متولد شده و تحصیلات متوسطه را در مدرسه دارالفنون در تهران به پایان رسانده است و سپس ازمدرسه تجارت فارغ التحصیل گردیده. ایشان خاطرات بسیار خوبی از آن دوران داشته و همیشه برای ما تعریف میکردند ، که در کتاب به آنها اشاره شده است . مخصوصا از استادان خود شادروانان

دکتر مصباح زاده که حقوق تجارت تدریس میکردند و دکتر عبدلحمید زنگنه و دکتر شمس الدین جزایری که همیشه از آنها به نیکی نام میبردند.
سپس تحصیلات خود را در موسسه Alliance Trancaise ادامه داده ، اوبه سه زبان خارجی ، فرانسه ، انگلیسی و روسی بخوبی تسلط داشت و پس از پایان تحصیلات به کار در رشته واردات و صادرات مشغول شد . او عشق زیادی به ادبیات ایران زمین داشت . ولی کار زیاد به او فرصت فعالیت در دنیای ادبیات را نمیداد . تا این که به انگلیس مهاجرت کرد و در این دوران بود که به ذوق درونش اجازه پرورش داد و اشعار و داستانهای طنز بسیار قشنگی راخلق نمود .
این کتاب مایع افتخار ماست و امیدواریم که شما هم از خواندن آن لذت ببرید.

فریدون شرکاء   بهمن شرکاء

مقدمه ای دیگر

با سلام خدمت ادب دوستان هم وطن و هم زبان . من مهشید آژیر هستم و دستی در نوشتن داستان دارم ، که چندین جلد از آنها را بچاپ رسانده ام و همچنین در چاپ و نگارش کتابهای دوستان هم کمک میکنم و تعداد زیادی ازکتابهای . دوستان رابچاپ رسانده ام.

آقای فریدون شرکاء از من خواستند تا در تدوین و گرد هم آری این کتاب که یادگار پدر ارزشمندایشان است همکاری کنم .

من وقتی که اشعار و نوشته های ایشان را خواندم واقعا از شناختن چنین استاد چیره دستی خیلی خوشحال شدم ، ای کاش در زمان حیاتشان با ایشان آشنا می شدم .

نوشته های و اشعار ایشان مرا بیاد شعرایی که در لفافه وطنز مشکلات مردم را مینوشتند می اندازد مانند ، عبید ذاکانی

من از این همکاری خیلی لذت بردم و باعث افتخار من بود . امیدوارم بقیه اشعار و نوشته های ایشان را پیدا کنند و دوباره بچاپ برسانیم

مهشید آژیر

یادگاری...۹

یادگاری... ۱۰

شماره صفحه

فهرست مطالب

:

بخش اول:

نوشته های چاپ شده در روزنامه کیهان:

صفحه	عنوان
۱۴	خاطره ای از شادروان دکتر مصباح زاده
۱۵	پینه دوز و همسایه مال دوست
۱۶	در باره شعر نو
۱۸	منظونه خطرناک
۱۹	چابکی ، چابک سوار
۲۰	استخدام به سبک انگلیسی
۲۲	دردل مردانه از زیان تلفن بی زبان
۲۴	بحر طویل در فواید خاموشی
۲۵	نسخه حکیمانه
۲۶	شبی با شاه عباس
۲۸	شرط بندی آن مرد که تصور میکرد زنی مومنه در خانه دارد
۳۰	یادی از بنیانگزار کتابخانه مطالعاتی ایرانی
۳۲	دروصف دنیا
۳۳	تخصیر یا تقصیر
۳۴	حاشیه ای بر حکایت شرط بندی
۳۶	نامه رسان نامه من دیر شد
۳۸	طلای سیاه یا بلای سیاه
۴۰	بحث شیرین لغات
۴۲	رمز لاتاری
۴۳	در سوک یک دوست کیهان

۱۱	یادگاری

بخش دوم
اشعار

٤٥	زرگر و پادشاه
٥١	غلام ناپاک - ملخک
٥٧	پاداش نیکی
٥٩	فوت کاسه گر
٦١	خردل خوردن سک و لجبازی خر
٦٣	شاباجی خانم
٦٦	فرزند نا اهل و پدر دور اندیش
٦٨	حماریه
۷۰	تخم فیل
۷۲	سه زن
٧٤	نانوا و بینوا
٧٦	ال خیر و فی ماوقع
۷۹	استخوان لای زخم
۸۲	مناظره کارگر و کامپیوتر

بخش سوم
بحر طویل ها

۸۵	
۸۷	درد دل تلفن
۸۹	رنجش تلفن از لقب چسی فن
۹۱	تازه بدوران رسیده ها

یادگاری..۱۲

مطالبی که در روزنامه کیهان لندن بچاپ رسیده است

یادگاری..١٣

خاطره ای از شاد روان دکتر مصباح زاده

شماره ۵۳۸ - صفحه ۷ - Page 7

پنجشنبه پنجم ژانویه ۱۹۹۵ میلادی

لندن ـ آقای یوسف شرکاء

۱ـ از الطاف شما تشکر حاصل است. ارزو به دل پسنچی مانده بود که یکی پیدا شود و «دستکاری» را با «دستبرد» توفیر بگذارد!

۲ـ نشانی ها درست است. ما می دانستیم که آقای دکترمصباح زاده در زمانی که افسر وظیفه بودند در دانشگاه جنگ تدریس می کردند اما تدریس در دبیرستان بازرگانی را خوب شد به یاد آوردید تا ایشان در خاطراتی که مشغول نوشتن آنند از قلم نیندازند. این هم خاطره شما از آقای دکتر مصباح زاده: «آقای دکتر مصباح زاده با لباس افسری وظیفه به ما حقوق تجارت درس می دادند. شادروانان دکترعبدالمجید زنگنه و دکتر شمس الدین جزایری هم از جمله معلمین دیگر مابودند. مسلما ایشان هیچ یك از شاگردان آن دوره را به خاطر نمی آورند چون متجاوز از ۶۰ نفر شاگرد در کلاس ها بودند و فقط مبصر حاضر و غایب می نمود»

شماره ۷۱۶ - صفحه ۷ - Page 7
پنجشنبه ۲۳ ژوئیه ۱۹۹۸ میلادی

پینه‌دوز و همسایه مالدوست

قسمت انتشارات پستخانه مبارکه باید کم کم درصدد جمع آوری و چاپ جداگانه «امثال منظوم» آقای یوسف شرکاء (لندن) باشد که شما خوانندگان عزیز هر چند هفته یك بار یکی ازآنها را به قول کسبه دشبت می کنید.

در جزء بیست و نهم، این اصطلاح رایج دشت کردن را هم ما نفهمیدیم از کجا آمده‌است. ادبا اگر خبری یا نظری دارند مارا از غفلت بیرون آورند.

. باری، این بارآقای شرکاء حکایت پینه‌دوز و همسایه مالدوست را به نظم درآورده‌اند ازاین قرار:

شنیدم پینه‌دوزی را که با دخل قلیلش سازگار	اهل دل بودی و خندیدی برِیش روزگار
باعزیزانش بشب دایر نمودی بزمکی	رقص و آوازی و ساز و تُنبکی
کلبه‌اش اندرجوار حاج جباری همی	کز پی افزایش مالش نیاسودی دمی
همسرش گفتی که قصرت سوت و کور	کلبه آن بینوا شادی و سور
حسرتش گشتی فزون دیلی چو روز	حوله قرمز بروی بند بام پینه‌دوز
کان نشان از رفتن گرمابه بود	بهر تکلیفی که واجب گشته بودا
الغرض حاجی بشد بس بیقرار و کینه‌توز	شد مصمم تا کند مختل نشاط پینه‌دوز
پس درون کیسه‌ای نه سکه سیمین ببست	بامدادی آن ببرد و بر سر راهش نشست
چونکه عازم شد بسوی دکه وی	آن بیفکند او به پیش پای وی
کاو بجست آنرا و چون جوفش بدید	شد گمانش وی که درخواب آن بدید
نزد خود گفتا بباید زین سپس همت کنم	کارخود افزوده و این سکه‌ها را ده کنم
چونکه در دکان بماند آنروز بیش	می نیارست او که آراید چو هرشب بزم خویش
هَم و غمّش زان سپس شد آنچنان	تا که ده برروی دمهایش گذارد بی امان
شد مؤثرحیله حاجی و آن وجد و سرور	نرم نرمك از سرایش شد به دور
گشت مردك عاقبت مُضطر ز ترك عشرتش	فکر شیطان بشد مقهور طبع و فطرتش
برنه‌انداز اوبسی نفرین بکردوسکه‌هابیرون فکند	عیش خود از سرگرفت و از تمول دل بکند
آری: هرکه خود فیضی زاموالش نبرد	حسرتش بر وی بماند و للتش وارث ببرد

درباره شعر نو

شماره ۶۰۵ - صفحه ۷ - Page 7
پنجشنبه نهم مه ۱۹۹۶ میلادی

لندن ـ آقای یوسف شرکاء:

پستچی باشما هم عقیده است که بند ناف ایرانی را با شعر بریده‌اند و این قوم را با شعر و شاعری الفتی است ناگسستنی. اما در شعر هم مثل موسیقی بین نسلی که بنده و جناب عالی بدان تعلق داریم با نسل جوانتر مختصری اختلاف سلیقه وجود دارد. من و شما از ابوعطا و بیات ترک و بیات اصفهان همراه با زخمه‌های تار و سه تار بیشتر خوشمان می آید، جوانترها از آهنگ های تند و سروصدای «پاپ» و «جاز». من و شما با شعر سنتی، غزل، قصیده، رباعی بیشتر مأنوسیم، جوانترها با شعر نو. هیچکدام از این ها به منزله نفی دیگری نباید تلقی شود. درافکندن اینها باهم و رویارو قرارگرفتن طرفداران شعرنو با شعر کهن و موسیقی جدید با موسیقی سنتی و نقاشی کلاسیك با نقاشی مدرن کار عبثی است. باید بین کهنه و نو پل ارتباطی برقرار کرد و از این به آن و از آن به این پیوند زد تا هنر و ادبیات بارور شود و شاداب و سالم و زنده بماند.

می فرمایید: «آقای دکترالهی از قول استاد همایی راجع به مقالات دکترمحجوب نوشته‌اند که وی فصل گمشده‌ای را به تاریخ ادبیات ایران افزود. در موردشعرنو هم می توان گفت سرایندگان آن باب بدیعی از تفنن ادبی در تاریخ ایران گشودند ولی بهتر بود به این تفنن ادبی عنوان شعر اطلاق نمی کردند و مثلا می گفتند نثرنو یا نوگفتار» این نظریه جای حرف دارد که از حدود جا و مکان پستخانه و ذوق و استعداد پستچی خارج است. این زمان بگذار تا وقت دگر. اما چه یاد آوری خاطره‌برانگیزی است این که اشاره فرموده‌اید: «استاد جلال همائی در سال تحصیلی ۱۳۱۴/۱۵ معلم ادبیات سیکل دوم دارالفنون بود. انجوی شیرازی، ناظرزاده کرمانی، یزدانبخش قهرمان، حشمت سنجری (رحمت الله علیهم اجمعین) از جمله شاگردان آن دوره بودند. استاد محیط طباطبایی (رحمت الله علیه) معلم ادبیات ما بود و آقای مهدی پیراسته (که عمرش دراز باد) مبصر کلاس ما بود و از همان وقت گویی تمرین مشاغل آتی خود را دراجتماع می نمود.»

یادگاری..۱۷

صفحه ۹ - شماره ۹۸۵ - Page 9
پنجشنبه ۱۱ تا چهارشنبه ۱۷ دسامبر ۲۰۰۳

منظومه خطرناک

حکیم فردوسی به کفاره آن یک بیتی که زن و اژدها را در کنارهم قرارداده بعداز هزار و اندی سال هنوز گرفتارخشم جامعه نسوان است و او را به زن ستیزی متهم می کنند. اما از آنجا که گفته‌اند در مثل مناقشه نیست پستچی به خود جرأت می‌دهد و سروده آقای یوسف شرکاء (لندن) را، علیرغم جنبه ضد فمینیستی آن، به چاپ می رساند ابته به مسئولیت سراینده!

لازم به یادآوری است که آقای شرکاء دستی درکار پیداکردن امثله و حکایات و ریختن آن در قالب نظم دارند، می فرمایند:

جوان مجرد پدر را بگفت — که خواهم بیابی برایم تو جفت
به یکباره خواهم ولی هفت زن — که سودا به یکجا خوش آید به من
بگفتا که خیر است جان پدر — از این کار بهتر نباشد دگر
ولی یک به یک می کنم انتخاب — بودکار شیطان همانا شتاب
نگردد زنی باب طبعت اگر — کنارت نشانم عروسی دگر
توافق نمودند وانگه پدر — زن اول آورد بهر پسر
به هر دم زنک کرد یک نغمه ساز — نیارست یک لحظه از قهر و ناز
حریر و جواهر طلب می نمود — به درخواستها هر زمان می فزود
یکی خرمگس روزی آمد به پیش — بس آزرده کرد آن پسر را به نیش
بگفتش رها گر نسازی مرا — بخواهم ز بابا دهد زن ترا
پدر رفت نزدش دراین گیر و دار — بدیدش پریشان و زار و نزار
بگفتا پسر جان کنون حاضرم — که بهرت زن دومی آورم
بر آشفت و گفتا به پاسخ پسر — به نزدم دگر نام زنها مبر
در این خاندان گر دوصد کس بود — همان مادرم جمله را بس بود!

شماره ۶۴۳ - صفحه ۷ - Page 7
پنجشنبه ششم فوریه ۱۹۹۷ میلادی

چابکی چابک‌سوار

آقای یوسف شرکاء (لندن) اظهار لطف کرده و لطیفه دیگری را در قالب اشعار ریخته‌اند که در عین حال هنرایشان را در رشته تولید ادبیات از بی ادبیات نشان می دهد:

دختری بودی که نیرومند و هم چابك سوار
همچو مردان در پی گشت و شکار
مرکبش بودی اصیل و راهوار
دشت و صحرا تاختی بران سوار
کسوتی از رو به برکردی جز آن
پوششی یکسر نبودی زیران
با رفیقان رفت روزی بهر نخجیر غزال
چونکه بودی موسمش آن فصل سال
ناگهان اسبش بلغزید و پراندش برزمین
لیکن او برجست یکسر روی زین
سرخوش از چستی و چالاکی خود
هم بدر بردن سلامت جان خود
غافل که روپوشش نپوشاند آنچه را
یاران بدیدندی حلال ماجرا
(به زبان پستخانه یعنی آنچه را نادیدنی بود دیدند!)

بعد از آن پرسید از رفیقی کای فلان
چابکی دیدی تو اندر این میان؟
گفت دیدم ولی تااین زمان
می ندانستم که نامش «چابکی» می باشد آن!

شماره ۸۳۶ - صفحه ۹ - Page 9
پنجشنبه ۷ دسامبر تا چهارشنبه ۱۳ دسامبر ۲۰۰۰

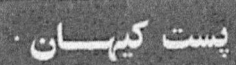

پست کیهان

پیام و پاسخ

e-mail: postchi@kayhanlondon.com

استخدام به سبک انگلیسی

آقای یوسفی شرکاء معروف حضورتان هست (لطفا اگر خواستید پستچی را به کسی معرفی کنید خاطرتان باشد که نفرمایید معرف حضورتان است. بفرمایید معروف حضورتان هست) در هر حال آقای یوسف شرکاء معروف حضورتان هست و می دانید که ایشان دامن همت بر کمر بسته و دست به کار نوعی ریخته گری شاعرانه شده اند که عبارت باشد از ریختن داستانهای امثال یا به اصطلاح «آنکدوت» های فارسی در قالب شعر.

نمونه ای از کارهای گذشته آقای شرکاء در شماره های گذشته به نظرتان رسیده است. اینک کار تازه ایشان که حکایت استخدام یک منشی است برای سفارت فخیمه انگلستان در ایران.

در ایران سفیری بریتان تبار — دبیری همی خواست واقف به کار
زجمعی تقاضای کتبی چو دید — فرا خواندشان تا چه آمد پدید
بگفتا بر اسبی که آماده بود — سواری کنند و بیایند فرود
بنا چار هر یک تعجب کنان — نمودند بی فکر و دقت. چنان
ولیکن درآن جمع بودی کسی — که محتاط بود و مجرب بسی
نخست زین و برگ آزمایش نمود — سپس شد سوار و بیامد فرود
سری از رضایت بجنباند سفیر — پسندید او را وکردش اجیر
بپرسید او را یکی کای جناب — چه حکمت بود در چنین انتخاب
بگفتا دبیریست امری خطیر — خصوصا دبیری به نزد سفیر
پس و پیش گردد دو حرفی اگر — شود موجب فتنه و شور و شر
کسی بود زین آزمونم مراد — که دقت بدارد فزون بر سواد
چو بیند که من نابجا نکته ای — بیان کرده ام یا که نا گفته ای
اشارت کند تا کنم رفع آن — بود مصلحت بین و آداب دان
چو دیدم که ننهاد او با شتاب — نسنجیده و پخمه پا در رکاب
پسندیم و کردم او را اجیر — سواری نخواهم ولی از دبیر!

یادگاری..21

شماره ۶۵۸ - صفحه ۷ - Page 7
پنجشنبه ۲۹ مه ۱۹۹۷ میلادی

پیام و پاسخ

درد دل مردانه از زبان تلفن بی‌زبان

از آقای یوسف شرکاء (لندن) که دستی در سرودن یا ردیف کردن بحرطویل دارند قبلا آثاری به نظم ونثر عرضه داشته‌ایم. ایشان دراثر تازه خود آنچه را بسیاری از آقایان درباره پرچانگی تلفنی بانوی خانه می خواهند بگویند و جرات نمی کنند از زبان تلفن بازگو کرده‌اند:

گرچه دائم بکشم رنج ز انواع خلائق بکنم لیك کنون درددل از بانوی پرچانه خانه که چو از تخت به زیرآید و صبحانه خورد یا نخورد زود به سر وقت من اید بگذارد جلوگوش و لبش گوشی مفلوك مرا و چو مسلسل بزند زنگ به همسایه و این عمه و آن خاله و جویا شود از جشن عروسی هتل هیلتون و ارکسترش و اغذیه و مشروبش و از فرم لباس ها که مهمتر ز همه غیر عروس، مادر داماد و عروس و چه هدایا که بدادند و چه ها سِرو نمودند و چه و چه . . . که چو شد فارغ ازاین دست مسائل بزند زنگ و کند وقت معین که رود بهر مانیکور و پدیکور و فلان سالن زیبایی و طراحی و خیاطی ودستور دهد تا که چه منجوق شود نصب به آن ماکسی و این مینی و دامان پلیسه . . . و به هرحال الی بوق سگ ازاین طرف و آن طرف خط بزنند زنگ و در اثناء و خلالش بشود غفلت و اطفال بسی صدمه بینند و چه ته دیگ پلوها که بسوزد و خورش ها بشود شور و شود قسمت آقای نگون بخت که شب جمله بلمباند و تعریف کند تا که مگر قشقرقی پیش نیاید و مبادا بخورد لنگه کفشی و از این مخمصه چون جست شود روز بیاید رقم «بیل» که مانند کلنگی بزند ضربه جانانه براعصاب خرابش و ز ترسش نتواند که زند جیك!

یادگاری...۲۳

شماره ۵۵۵ - صفحه ۷ - Page 7
پنجشنبه ۱۱ مه ۱۹۹۵ میلادی

پست کیهان

بحر طویل در فواید خاموشی

«بحرطویل» نوعی از تفنن ادبی است که بویژه درمطبوعات فکاهی بعد از شهریور ۲۰ جایی برای خود باز کرده بود و علاقمندانی داشت. بعد از سال ها چشم پستچی به بحر طویلی روشن شد که آقای یوسف شرکاء ضمن قدم زدن درکنار رود تیمز بهم بافته و فواید خاموشی و مضرات زبان درازی را یادآور شده‌است. نفس عمیق بکشید و بیاغازید:

«... بگواهی بگرفته است یکی ناصح خوش ذوق خدارا که چو داده است زبانی نه ز یك بیش ولیکن دو عدد گوش، بباید دو شنید و نه یکی بیش بگفتن زهر آن چیز که لازم بود و جایز و پرسند. (تنفس!) و زنهار بداند که مثالی است که دهد باد سرسبز زبانی که بُود سرخ. شیخ شیراز چنین گفته که آنکس که بُود قطع زبانش بنشسته است به کنجی کرّ و الکن، بود او بهتر از آن کس که زبانش نبود تابع حکمش. (مقصود همان شعر سعدی است که: زبان بریده بکنجی نشسته...) و چو تا مرد نگوید سخنی فاش نگردد هنر و عیب وی وگر که بود چنته او خالی و هم باز دو چیز است که از عقل بدور است، بگفتن به زمانی که ضرور است فروبستن دَم یا که خموشی به هر آن حال که بایست بگفتن چو زمانی که کسی فاقد بینایی و اندر لب چاهی برسیده‌است بناگه که سکوت است گناهی... و کنم نقل من این قصه ز شهزاده یك دنده که هرگز نگشودی دو لب و باز نگفتی سخن و داشت عقیدت که اگر لب نگشاید کس و خاموش بماند برهد از همه سختی و مشقات!... (برای این که نفسی تازه شود پستچی به زبان پستخانه داستان را خلاصه می کند که روزی این پسر خیره‌سر با وزیر پادشاه به شکار می رود و مرغی برسردرخت چهچهه می زند و بشنیدن صدای او، وزیر تیری می اندازد و مرغ از درخت می افتد و جان می سپارد. شهزاده طاقت نمی آورد و می گوید هان، دیدی! اگر این پرنده نگون بخت زبانش را نگهداشته بود حالا برای خودش بالای درخت زندگی می کرد. وزیر خبر به پادشاه می رساند که مژده، آقا پسر زبان باز کرد. اما بسراغ پسر که می روند می بینند باز او اعتصاب کلام کرده است. اکنون بقیه داستان را از زبان آقای یوسف شرکاء بشنوید) چون سخن گفتن شهزاده وزیر پدرش دید بشد شاد و بسرعت برسانید خودش را که به شه مژده دهد لیك بدیدند دگرباره پسر ساکت و صامت شد و چون سعی فراوان بنمودند و ندیدند ثمر باز به چوب و فلکش بسته و آزار نمودند که شد عاجز و گفتا به پدر گرکه من امروز سخن هیچ نمی گفتم و یکسر شده ساکت به چنین رنج گرفتار نمی گشتم و مصدوم!»

شماره ۶۷۳ - صفحه ۷ - Page 7
پنجشنبه ۱۱ سپتامبر ۱۹۹۷ میلادی

نسخه‌حکیمانه!

و اما آقای یوسف شرکاء (لندن) به سبك و شیوه نوظهوری که قسمت ادبی آن از حکیم سوری و قسمت طبی آن از حکیم مومن اقتباس شده‌است نسخه حکیمانه‌ای صادر فرموده‌اند برای کسانی که به علت چاقی و قند و گلسترول نباید گوش به تقاضاهای شکم بدهند ولی در عین حال به دلیل شکم پرستی نمی توانند به توصیه‌های پزشکان راجع به رژیم غذایی و پرهیز از خوراکی های چرب و لذید اعتنا کنند. به موجب این نسخه، که در نگارش آن نظریات سعدی و ابن سینا نیز منظور شده‌است راهی بین خوردن و نخوردن وجود دارد که تا خودتان آن را به زبان شعر از رشحات طبع آقای شرکاء نخوانید ملتفت نخواهید شد. اول شعر را بخوانید تا بعد، نکته پنهان را ـ اگر به آن پی نبردید ـ پستچی به خدمتتان معروض دارد:

روزگاری روز و شب بودم همی فکرشکم
دم به دم می تافتم خود برتنوراین شکم

بس ز گلگونی چهره‌هم ز چاقی شادمان
هم هراسان بودمی از چشم زخم مردمان

چون مکررلیك بشنیدم زبان خوردنی
گشته‌ام اهل رژیم و لاغر و هم مردنی

درچنین حال نزاراین اشکم بی بند وبار
عاجزم بنموده و یکدم نمی گیرد قرار

صبحدم خواهد مربا و کره چای و پنیر
تخم مرغ و خامه و سرشیر وشیر

گویمش چربی بدارد تخم مرغ وجمله محصولات شیر
باعث کل استرول هم سکته گردد زود و دیر

ظهرها پرسد چلوها و کباب و پشت بند
نزد شمشیری و نایب پس چه شد؟ صبرتا به چند؟!

کیك و شیرینی همی خواهد ز بهر عصر و شب
هم گز و سوهان و آجیل و مربا و رطب

گویمش زنهار،شیرینی فزاید قند خون
از گزند قند چشم نمی ماند مصون

دوش شد صبش تمام این پیچ پیچ بی هنر
می نیارست او که عذری بشنود باردگر

گفت عرض عمر خود مطرح بدان چون بوعلی
طول آن نبود بسی مطلوب هرصاحبدلی

هم که پند مصلح الدین را صلاح خود بدان
کاینچنین گفت آن ادیب تیزهوش نکته‌دان

خور نه چندان تا برآید از دهان
یا که آرد ضعف و بسپاری تو جان

گر نگیری زین سپس پند بزرگان را به گوش
فکر چربی یا که قند باشی و نی آیی به هوش

چه لذت ترا حاصل آید ز عمر دراز
هم اکنون سوی قبله بنما دو پا دراز

و اما آن نکته پنهان. . . این که اصلا فکر قند و گلسترول و غیره را نکنید و به هیچ رژیم دارویی و غذایی تن مسپارید، نسخه‌یی ازاین شعر را همواره با خود داشته باشید و همین که اشتها غالب شد و هوس حمله بردن به گوشت بره و شیر و عسل و مربا و خربزه و انگور به سرتان زد آن را از جیب بیرون آورده بخوانید. . .. اثری از اشتها باقی نخواهد ماند!

شماره ۷۵۷ - صفحه ۷ - Page 7
پنجشنبه ۲۰ مه ۱۹۹۹ میلادی

پست کیهان

پیام و پاسخ

شبی باشاه‌عباس

آقای یوسف شرکاء که برای رسیدن به درجه کارشناسی ارشد در رشته «شعر - تمثیل» در چاپارخانه مبارکه کیهان «استاژ» می دهند و خوانندگان عزیز باآثار و اشعار ایشان آشنایی دارند این بار گزارش یکی از شبگردی های شاه عباس را در قالب اشعار سبك کالیفرنیایی خودشان ریخته‌اند.

لابد شنیده‌اید که شاه عباس شب ها با لباس مبدل، و اغلب به صورت درویشی ناشناس، در شهر گردش می کرد و با مردم عادی به گفت وگو می نشست تا به اصطلاح امروزی «نظرسنجی» کند. داستان مربوط است به یکی ازاین شب ها:

برفتی شه عباس شب بی خبر   به گرد ولایت که بیند چه باشد خبر
به تن خرقه کردی و هو حق زنان   بپرسیدی احوال ازاین و ازآن
به جنب سرائی شبی چون رسید   صدای گروهی جوانان شنید
به درضربه‌ای با تبرزین بزد   نداداد: «یاهو، علی جان مدد»
درونش ببردند با خرمی   بگفتند با او سخن ها همی
جوانی بگفتا مرا این بود آرزو   که روزی خورم سیر، ته‌چین پلو
دگر کس بگفتا که خواهد دلش   زن شه‌کشد یك شبی دربرش
جوان دگر خواست گردد که‌شاه   نهد برسرخویش زرین کلاه
سحرگه چو شه بازآمد به جای   بخواند آن سه تن را به دولتسرای
یکی را که ته‌چین طلب می نمود   بفرمود تا برنشاندند زود
خوراندند او را ز ته‌چین بسی   که هرگز نخورده‌ست آن سان کسی
سپس داد ظرفی به آن بلهوس   که بودش زبهر زن شه هوس
درونش پراز تخم مرغان رنگی همی   بگفتا تماشا کند او دمی
سپس گفت نسوان چواینان زیك گوهرند   ولیکن به ظاهر مغایر زیکدیگرند
وفاگر بدارند و باشند پاك   زن شاه باشند یانه، چه باك؟
پس آن راکه می خواست اورنگ وگاه   نشاندند برتخت چون پادشاه
به مویی ببستند تیغی معلق فراز سرش   گسستی اگر بیگمان شد دو تاپیکرش
به او گفت شه مثل تو هردمی   ز شمشیر دشمن بترسند شاهان همی
همانا که سلطان بی غم بود در مثال   کسی را که‌هست شغلی شریف و جفتی نیکوخصال

یادگاری..۲۷

صفحه ۹ - شماره ۱۰۵۷ - Page 9
پنجشنبه ۲۶ مه تا چهارشنبه اول ژوئن ۲۰۰۵

شرط‌بندی آن مرد که تصور می‌کرد زنی مؤمنه در خانه دارد

غلط نکرده باشم یک نسخه از کتاب مستطاب «مکر زنان»، از آن نسخه‌های چاپ سنگی قدیم که سالها بود دیگر هیچ ناشری جرأت نداشت تجدید چاپ کند و خودش را با جمعیتهای زنان دراندازد. در لندن به دست آقای **یوسف شرکاء** افتاده و قصه‌های آن چنان به دلش نشسته که تصمیم گرفته است یکی بعد از دیگری آنها را به نظم درآورد و از طریق چاپارخانه مبارکه نشر دهد. نامه‌ای هم برای پستچی نوشته و ضمیمه آخرین اثر منظوم خود کرده‌اند که ملاحظه می‌فرمایید:

خدمت جناب اجل اکرم آقای پستچی... علی‌رغم عنوان تحریک آمیزی که به سروده قبلی اینجانب داده و آن را «منظومه خطرناک» نامیده و به‌اصطلاح گربه یاد بچه داده بودید. اینک برای آنکه بدانید ما اهل کاشان برخلاف آنچه گفته و شهرت داده‌اند. آنقدرها بی دل و جرأت نیستیم و از های و هوی نمی‌ترسیم، منظومه دیگری درآن زمینه، و حتی شدیدتر و غلیظ‌تر از قبلی، ارسال خدمت نمودم. باشد که به رگ غیرت طایفه نسوان بربخورد و در صدد جواب گفتن برآیند و ببینیم چند مرده حلاجند!

با احترام ـ شرکاء

یکی مرد را زوجه‌ای بُد جوان
همی بود اهل دعا و نیاز
خروسی اگر می‌زدی بال و پر
بکردی نهانِ روی خود با شتاب
به زهد و ورَع داشت بس اشتهار
قضا را یکی مرد درویش پیر
ز مردک بپرسید احوال وی
بجنباند سر را و گفت ای شفیق
بُوَد رند و سالوس و بس حقه‌باز
برآشفت آن مرد و او را بگفت
به‌جرأت به وی گفت درویش، هان
کنم ثابت این ادعا در زمان
چنان کن که گویی سفر کرده‌ای
پس آنگه ببستش به مانند بار
ببردش به بیتش چو شب دررسید
در خانه را چند باری بزد
بیامد جوانی و پرسید کیست
بگفتا منم اهل رقص و طرب
مرا گر تو مهمان کنی این زمان
زنک این شنید و بگفتا که هی
در آن خانه درویش چون پا نهاد
برقصید و خورجین بجنباند وی
که ای مرد، دیدی تو مکر زنان
که خود را نمودی به چادر نهان
نشد غافل از روزه و از نماز
که خواند درون سرا بی خبر
که نامحرم او را نمودی حساب
نمودی بدو شوهرش افتخار
که رمّال بودی و هم فالگیر
نگه کرد آنگاه در فال وی
عیالت یکی مرد دارد رفیق
به آب از برایت کشد جانماز
که باشد همه حرفهای تو مفت
کنی شرط با من اگر زعفران
اگر هرچه گویم نمایی همان
سفر سوی شهری دگر کرده‌ای
بدادش به خورجین پشتش قرار
از آن خانه آواز مطرب شنید
بگفتا که «یاهو، علی جان، مدد»!
چه خواهی در اینجا و مقصود چیست
بخوانم، برقصم در این وقت شب
هنرهای خود بر تو سازم عیان
بیا تا بنوشانمت جام می
بزد بشکن، آواز را سر بداد
سپس بهر مردک چنین خواند وی
بباید که فردا دهی زعفران

یادگاری..۲۹

صفحه ۹ - شماره ۸۶۲ - Page 9
پنجشنبه ۲۱ تا چهارشنبه ۲۷ ژوئن ۲۰۰۱

پست کیهان
پیام و پاسخ

e-mail: postchi@kayhanlondon.com

یادی از بنیانگذار کتابخانه مطالعات ایرانی

جناب آقای پستچی - پس از عرض سلام.

اخیرا مسافرت آن آمریکایی به فضا مرا به یاد آقای خلیل محلوجی بنیانگذار «کتابخانه مطالعات ایرانی» در لندن انداخت و با خود گفتم «ببین تفاوت راه ازکجاست تا به کجا؟» - یک نفر برای ارضاء تمایل نفسانی شش روزه خود پانزده میلیون پوند از ثروت خود را به‌هدر داده و حال آنکه می توانست ۱۵ فقره یک میلیونی آنرا صرف ایجاد ۱۵ مؤسسه فرهنگی و بهداشتی و خیریه بنماید. دیگری مانند آقای خلیل محلوجی ثروتی را صرف تاسیس کتابخانه و خرید محل و کتب و سایر امور مربوط به آن می‌نماید که بطور دائم مورد استفاده معنوی همنوعان و هم میهنان واقع شود بدون اینکه تظاهر نموده و یا آنرا بنام شخص خود نامگذاری بنماید که مسلما به نیکی به یادگار خواهد ماند.

بعقیده بنده ایجاد کتابخانه و موسسات فرهنگی دست کمی از تاسیس بیمارستان نداشته حتی از آن با ارزش تر است. چون بیمارستان مربوط به بهبود جسمی بوده ولی موسسات فرهنگی با اعتلاء دانش و فهم افراد کمک روحی با آنها می نماید که مآلا در سلامت جسم و بالنتیجه عقل سالم نیز موثر می‌باشد.

در هر صورت با وجودی که به قرار مسموع سابقاً در کیهان ذکری از این کتابخانه شده ولی مسلما عده زیادی از آن بی خبر می‌باشند، با توضیحاتی که اخیراً مسئولین با نهایت ادب و صمیمیت دادند متوجه شدم که گنجینه ذیقیمتی از چندین ده هزار کتب مختلفه و انواع مجلات و نشریات کمیاب و استثنائی قدیم و جدید بدون هیچگونه تبعیض و تعصب و بیطرفانه جمع آوری شده که واقعا قابل تقدیر بوده و می‌تواند با شرائط سهلی حضوراً و بوسیله تلفن و فکس مورد استفاده پژوهشگران و دانشجویان در زمینه‌های بسیار متنوع واقع شود.

ضمنا بی‌مورد نمی‌دانم به پستچی عزیز که از هواداران پر و پا قرص امور فرهنگی هستند پیشنهاد نمایم که توضیحات مفصل و دقیقی بوسیله مسئولین کتابخانه تهیه نموده و در آن جریده شریفه درج نمایند که هدیه ذیقیمتی خواهد بود به خوانندگان کیهان در سراسر جهان. ضمنا علی الحساب نشانی و شماره تلفن و فکس کتابخانه برای استفاده خوانندگان بشرح ذیل می‌باشد:

Library for Iranian Studies
The Woodlands Hall, Crown Street
London W3 8SA
Tel: 020 8993 6384 Fax: 020 8752 1300

با احترام ـ یوسف شرکاء

دنیستیتو در سال 2001 با پرداخت بیست میلیون دلار توسط روسیه به فضا رفت.

در وصف دنیا

شماره ۷۰۱ -: صفحه ۷- Page 7
پنجشنبه نهم آوریل ۱۹۹۸ میلادی

پست کیهان

لندن ـ اقای یوسف شرکاء:

بع . . . له! همانطور که «مشمور» فرموده‌اید ابوالعلا معّری سردسته فیلسوفانی است که نظر خوشی نسبت به دنیا نداشته‌اند. آن مرحوم درهمه عمر «گوشت نخورد و ذوات لحم نیازرد» و به قول خودش از «جنایت پدرشدن» هم اجتناب ورزید. اما سلیمان نبی، قربانش بروم، تا وقتی دوره‌جوانی و کامرانی بوداز لذات دنیوی روی گردان نبود و سخنی حاکی از بدبینی نسبت به دنیا بر زبانش جاری نمی شد. وقتی به سن پیری و از کارافتادگی رسید آن وقت عقیده پیدا کرد «مردن به است از زادن» خیام خودمان می فرمود این که چرا آمده‌ایم.و ازاینجابه کجامی رویم سؤالی است بی جواب. فعلا «تا هستی خوش باش» حالا ببینیم شاعر چیره دستی که حضرت مستطاب عالی بوده باشید زیر عنوان «شمه‌ای در وصف دنیا» چه گونه این عقاید سه‌گانه را در کنار هم به رشته نظم کشیده است:

معّری که علامه و بوالعلا نام وی — نه بودش عیالی و اولاد وی
بگفتا جنایت نکردم به مثل پدر — شوم تا کسانی دگر راپدر
سلیمان نبی و ذکی بود وشاه — فزون قدرتش بود با فرّ و جاه
زن اندر نکاحش زحد بیش بود — زشادی و عیشش .نه کمبود بود
به انواع نعمت چو وی درجهان — به ندرت رسندی کسان یا شهان
مع الوصف این سان نظر او بداد — «بشر به ز دنیا رود تا ز مادربزاد»
بجوید چوکس رأی مقبول تر — زصاحبدلی اصلح و زبده‌تر
همانا به خیام باید که روی آورد — که فضلش مسلم بدانند اهل خرد
که وی گرچه رایش چون آنان بُود — ولیکن بشر را مشوق وهادی بود

(بخوانید هادان!)

زایشان فزون گفته چون آدمی — به جبر طبیعت به‌دنیا درآید همی
بناچار چندی بماند سپس ناگهان — اجل بی امانش برد از جهان
ازاین رو خوشی آیدش گر به‌پیش — بیاید پذیرا شود هرچه بیش
اگر صحبت ماهروئی و بزمی بود — و هم عیش .و نوشی میسر بود
غنیمت شمارد چو دستش رسد — که فردا نداند چه براو رسد

تخصیر یا تقصیر

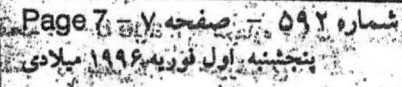

شماره ۵۹۲ — صفحه ۷ — Page 7
پنجشنبه اول فوریه ۱۹۹۶ میلادی

پست کیهان

لندن ـ آقای یوسف شرکاء

بله قربان، بسیار کلمه مناسب و مؤثری ابداع کرده‌اید: «تخصیر» بر وزن تقصیر! که اتفاقاً معنی آنها از یکدیگر دور نیست. چون تخصیر را به معنای کوتاه‌کردن، حضرت عالی وارد زبان کرده‌اید و تقصیر به معنای کوتاهی کردن از قدیم در زبان بوده‌است. درخواست ما هم از خوانندگان عزیز این است که تا می‌توانند در نوشته‌ها و اشعارشان «تخصیر» کنند.

حتی «بحرطویل» جناب عالی اگر تخصیر شده بود احتمالاً در بایگانی راکد جای نمی گرفت.

ضمنا از این که اظهارلطف کرده و «تذکاریه» کیهان را به شعر درآورده‌اید کمال تشکر حاصل است، باید این اشعار را به خط خوش بنویسیم و مثل حمام های سابق بر سر در پستخانه بیاویزیم. برای اطلاع خوانندگان جوانتر عرض می شود که سابقا در «سربینه» حمام های عمومی یعنی آنجا که استاد حمامی پشت دخل جلوس می کرد، این دو بیت با خط درشت به دیوار آویخته بود:

هرکه دارد امانتی موجود بسپارد به من به وقت ورود
نسپارد اگر شود مفقود بنده مسؤول آن نخواهم بود

این دو بیت معروفیت عمومی داشت. حالا آقای شرکاء در همان بحر و با همان قافیه سروده‌اند:

هرکه دارد مقاله‌ای موجود بفرستد، نوشته یا که سرود
نفرستد اگر شود مردود بنده مسؤول آن نخواهم بود
شرط دیگر بداند او از پیش کلماتش نه از ۱۸۰۰ بیش
و ضرورت بود که بین سطور جای خالی بدارد او منظور
دگر او را بگویم این بنده که ادب نیز هست زیبنده
هم تضرع کند و گرفریاد اکرو مقالات پس نخواهد داد

صفحه ۹ - شماره ۸۸۲ - Page 9
پنجشنبه ۸ تا چهارشنبه ۱۴ نوامبر ۲۰۰۱

پست کیهان

پیام و پاسخ

e-mail: postchi@kayhanlondon.com

حاشیه‌ای بر حکایت شرط بندی

حکایت شرط بندی حسین تهرانی را که وسط خیابان عریان شود، در خاطرات هنری نواب صفا خواندید. طبق روایت نواب صفا، طرف شرط بندی جواد بدیع زاده بود. اکنون روایت دیگری ازین داستان که آقای یوسف‌شرکا متذکر آن شده اند:

جناب آقای پستچی - پس از عرض سلام - موضوعی که ذیلا به آن اشاره می شود بهر صورت بازگو شود فی نفسه اهمیت نداشته و مربوط به یک شرط بندی تفننی است که فقط می تواند نمونه ای از عللی باشد که ایجاب می نماید نسخه های مختلف از اشعار و آثار شعرا و ادبا و غیره به وسیله محققین ذی صلاحیت تطبیق و بررسی شده و آنچه اصالتا مربوط به آنها بوده در حد ممکن برگزیده شود و آنچه اشتباها جزء آثار آنان قلمداد شده حذف شود.

در کیهان شماره ۸۰۰ در دنباله «قصه شمع» به قلم شاعر و ترانه سرای گرامی آقای نوب صفا تحت عنوان «شوخی بدیع زاده با حسین تهرانی» نقل شده بود که بطور خلاصه: بدیع زاده به تهرانی پیشنهاد می نماید که اگر در وسط چهارراه مخبرالدوله لخت شود صد تومان به او بدهد و در غیراین صورت او همین مبلغ را به بدیع زاده بپردازد. نزدیکی های میدان، حسین فریاد می زند زنبور مرا گزید و توی لباس من است و از اتوبوس پیاده شده لخت می شود و صدتومان را می برد.»

در صورتی که بخاطر دارم چند سال قبل، در حیات خود سادروان پرویز خطیبی در سلسله مقالاتی که راجع به هنرمندان نوشته و در یکی از مجلات لس آنجلس منتشر شد این جریان را به این صورت نقل کرده بود که: اولا مرحوم صبا با تهرانی شرط بسته بود - ثانیا مبلغ شرط بندی پنجاه تومان بوده و ثالثا محل شرط بندی از قبل معلوم‌نشده بود و وقتی با اتومبیل اداره رادیو به چهارراه مخبرالدوله می رسند غفلتا صبا به او می گوید باید همین جا لخت شوی - رابعا وقتی پیاده می شود فریاد می زند عقرب! - عقرب! و شروع به لخت شدن می نماید که حتی خانمها دلشان به حال او سوخته و در لخت شدن به او کمک می کنند و بالنتیجه شرط را برده و پنجاه تومان صبا ناچار به او می دهد.

وقتی جزئیات موضوع ساده ای که مربوط به هنرمندان معاصربوده و بیش از چند دهه از وقوع آن نمی گذرد و راویان آن دو نفر از شخصیتهای معتبر ادبی بوده و دخالتی در موضوع نداشته با تفاوتهای ذکرشده بالا بازگو می شود - جای تعجب نیست که در آثار گذشتگانی که قرنها از تالیف آنها می گذرد نکاتی دیده شود که انتسابشان به آنان مورد تردید بوده و احتیاج به تصحیح و تطبیق داشته باشد.

پاورقی

با سابقه ای که از رویه جنابعالی در موقع برخورد با نامه هایی از این دست در دست است چنانچه تصمیم به درج این موضوع گرفته شود یقینا جریان مشابهی را که احتمالا جنبه طنز داشته و همیشه در آستین حاضر دارید به آن سنجاق خواهید نمود. ضمنا بین خودمان باشد که چون تهرانی سالها با صبا همکاری داشته و خودمانی هم بوده اند لذا انتساب موضوع به صبا احتمالا می تواند صحیح تر باشد. با عرض معذرت ازپرچانگی و روده درازی.

یوسف شرکاء

چون تکلیف فرموده اید که «پستچی» هم چیزکی بگوید، محترما معروض می دارد:

۱ ـ راجع به مبلغ شرط بندی، پنجاه تومان به قول ادبا «اصح» به نظر می رسد. وضع جیبی اهل هنر تا آنجا که پستچی به خاطر می آورد در زمان شرط بندی آنچنان نبود که شرط صد تومانی ببندند.

۲ ـ شادروان حسین تهرانی، علاوه بر مقام والای هنری، در اخلاق هم والامقام بود. رند و نکته سنج و نکته گو و مجلس آرا بود و در عین حال متین و مؤدب.

شوخي های ظریف او هنوز هم زبانزد کسانی است که با آن مرد هنرمند نشست و برخاست داشته اند.

و اما حکایتی از حسین که به داستان شرط بندی نزدیک است حکایت مار او بود. سن مبارک حضرت عالی که آقای شرکاء باشید اجازه می دهد وضع اتوبوس سوار شدن را در تهران دهه ۴۰ به خاطر آورید. یادتان می آید که آن وقتها هنوز صف بستن و نوبت گرفتن در ایستگاه اتوبوس مرسوم نشده بود. همین که اتوبوس از دور پیدا می شد انبوه مسافران هجوم می بردند و از سروکله یکدیگر بالا می رفتند تا خود را به داخل اتوبوس برسانند یا به عبارت صحیحتر بچپانند. اتوبوس کم بود و جمعیت زیاد و هیچکس ملاحظه نمی کرد.

در آن سالها حسین تهرانی یک مار دست آموز داشت که آن را اغلب اوقات توی جیب خود می گذاشت. وقتی می خواست اتوبوس سوار شود خونسردانه عقب جمعیت می ایستاد و منتظر می ماند تا اتوبوس برسد. آنگاه مار را از جیب در می آورد و درحالی که قیافه وحشتزده به خود می گرفت به صدای بلند می گفت: مار... مار... خلایق بامشاهده مار خود را از ترس کنار می کشیدند. راه باز می شد و حسین همراه با مار دست آموز به اتوبوس دست می یافت.

شماره ۵۲۳ - صفحه ۷ - Page 7
پنجشنبه ۱۵ سپتامبر ۱۹۹۴ میلادی

نامه‌رسان نامه‌من دیر شد!

از کالیفرنیا یك هدیه جانانه برای پستچی رسیده‌است. آقای یوسف شرکاء که پیداست کاملا به ناله های دل پستچی توجه دارند و از گوشه و کنایه‌های پستچی هم غافل نیستند قصیده‌ای ساخته و فرستاده‌اند که اظهار لطفی است در حق چاپارچی جماعت، از نامه‌رسان های عهد داریوش تا خدمه پستخانه مبارکه کیهان. می نویسند: «با مطالعه مرتب پست کیهان و جواب هایی که به خوانندگان می دهید پی به محذورات و مشکلاتتان می برم و پیداست که از طرف مشتریان جزگله و اعتراض چیزی عایدتان نمی شود، عقب افتادگی مواجب هم که جای خود دارد. لذا برای دلجویی و اثبات این که اقلا یك بنده خدای شیرپاك خورده‌ای از ماورای دریاها به فکر شما و حتی اسلاف رنجبر شماهست، به قول معروف با هل پوکی از شما یاد نموده مراتب را به صورت شعری به نام پستچی بیان نموده و می کرستم . . . تا ضمنا تاییدی هم برنظریه شما شده باشد که ایرانی ها برای هر موضوع شعر می سرایند!»

و اما خاطر مهر مظاهر شما خوانندگان عزیز را پیشاپیش متذکر باشیم که در قصیده آقای شرکاء (که البته از لحاظ بدایع و صنایع شعری به پای اشعار آقای حسینعلی شکوفا بشردوست نمی رسد ولی انصافا از اشعار امام خمینی محکم تراست!) به تاریخچه پستخانه از زمانی که پست با گاری چاپاری ارسال می شد و به پستچی ها «غلام پست» می گفتند اشارات خاطره‌انگیزی دارد:

ای آن که غلام پست بودی چو برفتی به سفر   پستچی نام تو آن گه که بماندی به حضر
سورچی به کنار تو و در گاری چاپار   هردم به بیابان گذرت بود به ناچار
توزیع نمودی تو مکاتیب و امانات   محموله ز شهری به دگر شهر و ایالات
جانت به خطر زبرف و طوفان و ز دزد   گیرم بگرفتی به هر اندازه که مزد
امنیه نه در راه فراوان و قوی   آسوده زاشرار میسر که روی
پست تو شریف و خدمتت ارزنده   عنوان غلامی نه تو را زیبنده
القصه بشد به که کنون نامه رسانی   گویم بتو یك نکته که شاید تو ندانی
گه(بفتح گاف !)مقدمت آنچنان گرامی به کسان   گویی که مزیدی متصور نه بر آن
هر روز ز بهر تو بسی چشم براهان   از پیر و جوان، زنان و مردان
چون آن که عزیزی بسفررفته بدارد   یا آن که زدلداده خود نامه ندارد
یا منتظر پاسخ آزمایش کنکور   یاجیره که باید برسد ازره بس دور
یاگشته پناهنده و ویزا طلبیده   یا آن که تقاضا جهت کاریداده

(در این صورت باید می فرمودید: طلبادها)

یا کرده به هر حال تقاضا ز مقامی   ازبهر فلان مخمصه و حاجت و وامی
اینان بشمارند دقایق، نه که ساعات   ازبهرجوابی ز عزیزان و زحاجات
هرموعد روزانه که آیی چو بدانند   پیشواز تو با شوق سرکوچه بیایند
گر نامه دلخواه زدستت بستانند   خواهند سر و روی ترا بوسه نمایند
بالعکس، کسانی زتو دارند گلایه   خواهند که بر فرق تو کوبند سه پایه
گویند زقبض‌ها که رسانی تو به آنان   آزرده نمایی تو همی خاطرایشان
یك قبض نپرداخته قبض دگراری   یا کیسه آنان تو مگر کینه بداری؟
رنجیده نشو جان برادر که نبینی   آنکس که ز دستش دگران بی گله بینی

پاسخ پستچی:

ای سایه لطفت بسرم پاینده   باقافیه کرده‌ای مرا شرمنده
گو هر که زقبض خاطرش رنجوراست   پارو بیرم به خدمتش این بنده

صفحه ۹ - شماره ۱۰۵۶ - Page 9
پنجشنبه ۱۹ تا چهارشنبه ۲۶ مه ۲۰۰۵

طلای سیاه یا بلای سیاه؟

آقای **یوسف شرکاء** (لندن) که پیش از این برخی آثار شاعرانه ایشان را در زمینه امثال و حکم منظوم عرضه داشته بودیم پس از زمانی غیبت، خانه محقر ما را به ظهور خود منور فرموده و با قطعه شعری تشریف فرما شده‌اند. اما سروده‌ای که برعکس سروده‌های قبلی بار اندوه بر دل می‌نشاند و پستچی امیدوار است در نظریه خود تجدیدنظر فرمایند. آخر برادر عزیز، این چه دعایی است که خدایا چاههای نفت ما را هرچه زودتر خشک کن تا از مصیبت نفت خلاص شویم!

از کلمه «شرکاء» بوی شرکت به مشام می‌رسد و می‌رساند که آقای شرکاء نسب از خاندانی تجارت پیشه می‌برند. شرط تاجرزاده بودن حفظ ثروت خانواده است و افزودن بر آن نه دست به دعا برداشتن که خدایا این ثروت را از ما بگیر و نان گدایی را نصیبمان کن که دردسرش کمتر است و دیگر کسی در آن طمع نمی‌کند!

در هر حال، این شما و اینهم شعر نفتی آقای شرکاء:

لعنت به تو ای نفت که هر جا که درآیی
خود ریشه آشوبی و شرّی و بلایی

آلوده کنی آب و هوا، آه ز بویت
عنوان طلا را که نهاده است به رویت؟

آن معدن نحس تو به هر جا که بیابند
عشاق ز هر گوشه به سویت بشتابند

با زور و زر و با کمک رشوه و اغفال
سازند همه نفتخوران قصد خود اِعمال

کوتاه سخن، سود ترا ملت ایران
کم دیده و بسیار زیان دیده ز اینان

آن به که تو مکشوف نگشتی ز دل خاک
تا پاک شدی جملهٔ عالم ز تو ناپاک

آفتاب رواج تو کنون بر لب بام است
دوران به کار آمدنت رو به ختام است...

و خلاصه این که خدا مخترعین را یاری دهد تا هر چه زودتر انرژی دیگری را جانشین نفت سازند و ما صاحبان ذخائر نفتی از بلای نفت خلاص شویم!

شماره ۷۳۷ - صفحه ۷ - Page 7
پنجشنبه ۱۷ دسامبر ۱۹۹۸ میلادی

پست کیهان

پیام و پاسخ

بحث شیرین لغات!

دو نامه داریم از دو خواننده پر و پا قرص کیهان، آقای یوسف شرکاء (لندن) و آقای فرود خسروی (هانوفر آلمان). هر دو نامه عطف به گفت و گویی است (بقول فرانسوی ها Colloque و بقول مازندرانی ها کله‌گپ) که در دکه نیم بابی پستچی داشتیم راجع به کلمه ناموس.

آقای شرکاء مرقوم داشته‌اند: «عطف به مقاله مندرج در شماره ۷۲۷ راجع به کلماتی که از زبانی به زبان دیگر داخل شده و تغییر معنی می دهند سه نمونه ذیلا معروض می گردد.

۱- عوارض. . . مدت ها قبل از انقلاب با اتوبوس از مشهد عازم تهران بودم. آن موقع در دروازه مشهد از هر مسافری دو تومان عوارض می گرفتند. تصادفا شخصی معمم با فینه قرمز که از مجتهدین و مدرسین حوزه نجف بود با من همسفر بود و در ردیف جلو کنار هم نشسته بودیم. وقتی شاگرد راننده از او مطالبه عوارض کرد با قیافه استفهام آمیزی به لحن عربی گفت: عوا. . . رض؟!

برای او توضیح دادم که هر مسافر باید دو تومان برای مخارج شهرداری بپردازد. ناچار پرداخت و چون متوجه شد کمی به‌زبان عربی آشنا هستم گفت: «عوارض، هی عارضة علی شخصاً او نفساً» چه ربطی به این موضوع دارد؟ برایش توضیح دادم که در زبان فارسی هم کلمه عارضه همان معنی عربی را می دهد ولی به‌صورت جمع (عوارض) به‌معنی باج راه است.

۲- دفع. . . تا آنجایی که بنده اطلاع دارم در عراق این کلمه به‌معنای پرداخت وجه می باشد و حال آن که در ایران و بعضی کشورهای عربی به‌معنای اجابت مزاج است (البته ترکیبات و معانی دیگر آن مانند دفع شرّ، دفع حمله، دفاع جای خود دارند).

ضمناً چون از سیاق نوشته‌های شما که پستچی باشید استنباط می شود از ورّاجی و لطیفه بدتان نمی آید این واقعه را که حقیقت دارد می نویسم:

بخت برگشته‌ای عراقی، بی خبر از این که در همه‌جا دفع به‌معنی پرداخت وجه نیست، در یك نقطه دیگری از سرزمین های عرب زبان وقتی از قایق پیاده می شد از قایقران پرسید: «اَش قدر اَدفع لك» او هم از جا در رفته و با عصبانیت جواب داد: «ادفع علی روح الابوك»!

«لترجمةالبرید (یعنی ترجمه پستچی): مسافر می گوید چه‌مقدار باید به تو دفع کنم. قایقران جواب می دهد به‌روح پدرت دفع کن!»

۳- فلش. . . که به‌فرانسه flèche نوشته شده و علامت نشان دهنده سمت و مسیر است (در فارسی نیز به‌همین معنی به‌کار می رود) و معادل آن در زبان انگلیسی Arrow می باشد، در انگلیسی flesh نوشته شده و به‌معنی گوشت، بدن، شهوت است.»

و اما آقای فرود خسروی چنین نوشته‌اند:

«من خود اهل آذربایجان باختری و از شش نسل پیش، پس از عهدنامه ترکمانچای، در روستای چیانه شهر نقده ساکن بوده‌ایم و پس از پا گرفتن انقلاب اسلامی که دیگر امکان گذران زندگی برایم باقی نماند، ناچار در سال ۱۳۵۹ به کشور ترکیه و پس از شش سال از آنجا به کشور آلمان مهاجرت کرده و تا کنون ساکن شهر هانور می باشم.

خود بهتر می دانید که در دوران پادشاهی رضاشاه بزرگ بود که بیشتر نام های ادارات از تازی به فارسی برگردانده شد مانند بلدیّه (شهرداری) نظمیّه (شهربانی) مالیّه (دارایی) طرق و شوارع (راه) صحیّه (بهداری) معارف (فرهنگ) و. . .

اما زبان ترکی که اکنون در کشور ترکیه بدان صحبت می شود با آنکه حدود هشتصد سال پیش با تسلط تیره‌ای از سلجوقیان در آنجا پا گرفت، آنها خود به‌خود ترکیشان را با زبان های تازی و فارسی و یونانی (لاتین) به‌هم آمیختند. مثلا پرستار را که ما معمولا نرس (فرانسوی) می گوئیم آنها همشیره می گویند که واژه فارسی است. به‌جای قارا، کلمه فارسی «سیاه» و به‌جای آق (یا اغ) کلمه تازی «بیاض» و به‌جای بولاخ کلمه فارسی چشمه و به‌جای پیشیك (گربه) کلمه «کتی» شاید یونانی را به‌کار می برند.»

رمز لاتاری

شماره ۶۱۷ - صفحه ۷ - Page 7
پنجشنبه اول اوت ۱۹۹۶ میلادی

پیام و پاسخ

لندن ـ آقای یوسف شرکاء:

بله، بالاخره انگلیسی های سنت پرست هم نتوانستند در برابر وسوسه «لاتاری» مقاومت کنند و بساط لاتاری در جزیره دایرشد و همان طور که مرقوم فرمودید فعلا تب لاتاری همه جا را فرا گرفته و بسیارند کسانی که شب ها خواب برنده‌شدن می بینند. لطیفه‌ای که دراین زمینه ارسال داشته‌اید البته برای راهنمایی هموطنانی که ازاین خواب ها می بینند مفید است اما اگر تصور کرده‌باشید که بااین لطیفه می توانید مفت و مسلم جایزه مسابقه بزرگ دودلاری را تصاحب کنید با کمال شرمندگی عرض می شود: خواب دیده‌اید، خیرباشد!

«چون در این ایام تب لاتاری انگلستان را فرا گرفته و پیر و جوان و غنی و مستمند حتی بیش از توانایی خود بلیت های لاتاری ملی را خریداری می کنند و مسلما هم میهنان نیز دراین زمینه دست روی دست نگذاشته‌اند و آرزوی نمدی از این کلاه دارند (فضولی پستچی ـ ضرب المثل می گوید کلاهی از این نمد مگر این که جناب عالی تعمدی در معکوس کردن آن داشته‌اید و می خواهید بفرمائید مواظب کلاهتان باشید!) لذا برای راهنمایی آنها داستان بنده خدایی را که بلیت بخت آزمایی خریده بود در قالب شعری به نام مفت باخته تقدیم می کنم که اگر خواب نما شدند حواسشان جمع باشد و صفر را نادیده نگیرند:

مردکی کرده بود خریداری — بهر خود یك بلیت لاتاری
شب چو رفت او بخواب خوش اندر — یك فرشته بیامدش به نظر
غرق درنور بود و یکسره لخت — پشت خودسوی وی نمود و بگفت
که من این نمره را کنم تضمین — این برنده شود بدان به یقین
برکفل هاش دید نقش دوپنج — بخرید او بلیت پنجاه وپنج
چون کشیدند قرعه هیچ نیافت — خود به نزد معبری بشتافت
گفت این بود خواب من، زچه رو — درنیامد درست گفته‌او؟
پاسخش داد: اشتباهی رفت — که از آن برسرت کلاهی رفت
چون نمودی تو آن خطای بصر — صفر را دورداشتی زنظر
پانصد و پنج داده بود نشان — تو ندیدی مگر دو پنج ازآن
نقش صفر از نظر تو دورمدار — صفر، یك را بدل کند به هزار

صفحه ۹ - شماره ۱۰۵۸ - Page 9
پنجشنبه ۲ تا چهارشنبه ۸ ژوئن ۲۰۰۵

در سوگ یک دوست کیهان

پست کیهان در فقدان یک خواننده وفادار و همکار افتخاری ، شادروان **یوسف شرکاء** سوگوار است. فرزند ایشان، **آقای فریدون شرکاء**، با نامه‌ای که می‌خوانید ما را از این واقعه ناگوار آگاه کرد.

جناب آقای سردبیر پست کیهان

با نهایت تأسف فوت نابهنگام آقای یوسف شرکاء پدر عزیزم را در لندن به اطلاع شما می‌رسانم.

به نمایندگی از طرف مادر عزیزم فلورا شرکاء و برادر گرامی بهمن شرکاء از شما تشکر می‌کنم که در طول پانزده سال گذشته مشوق ایشان بودید و با چاپ شعرها و داستانهای منظوم پدرم او را مورد لطف خود قرار می‌دادید.

ایشان یک انسان صدیق و خیرخواه بودند که هیچ موقع خنده از چهره‌شان دور نمی‌شد و همیشه با شعر و داستان محافل دوستان را گرم می‌کردند. این موضوع در برخوردهای روزمره هم صادق بود.

پدرم فارغ‌التحصیل دارالفنون در رشته بازرگانی بودند و به سه زبان انگلیسی، فرانسه و روسی تسلط کامل داشتند. ایشان خاطرات زیادی از دوران تحصیل به خاطر سپرده بودند و از جمله افتخار می‌کردند که آقای دکتر مصباح زاده از استادان ایشان بودند. پدرم به فرهنگ ایران و ادبیات فارسی علاقه زیادی داشتند. از ایران خواننده پر و پا قرص روزنامه کیهان بودند و پس از خواندن روزنامه حتما جدول آن را هم حل می‌کردند.

در این شرح کوتاهی که برای شما درج کردم اگر اغلاط املائی یا انشائی وجود داشت معذور بدارید. بعد از سی سال دوری از وطن ذوق ادبی بیش از این کمک نمی‌کند.

باتشکر مجدد خانواده شرکاء

پستچی - از سوی خانواده کیهان به خانواده شرکاء تسلیت می گوئیم.

یادگاری...۴۴

اشعار

زرگر و پادشاه

ساخت زرگر به امر پادشهی
مجسمه‌اش ز طلا چو سرو سهی

پرده شه چو ز روی آن بگشود
بپسندید و شد بسی خوشنود

پس بپرسید ارزشش که تا کند جبران
خلعتش داده و کند شادان

لیک سنگین چو وزن آن مجسمه بود
بهر توزین آن همی وسیله نبود

ین سبب او طمع نمود و بگفت
وزن آن را زیاد و ارزشش هنگفت

پس بر آشفت و داد شه فرمان
تا که تخمین زنند وزن آن دولتیان

چو قاصر بماند عقلشان چه کنند
بر آن شدن که توسل به حیله کنند

که ز زرگر طریق آن پرسند
که یقینا توان به نتیجه رسند

پس برفتند نزد همسرش به خفا
که خنجری بزنندش همی ز قفا

کاو بتطمیع و زور سر انجام
گشت حاضر که قصدشان دهد انجام

کرد مست شوهرش را به تردستی
پس از او خواست بهر توزین چه کرد بایستی

گفت زرگر که تا قایقی باید ساخت
که با مجسمه آنرا بروی آب انداخت

هرچه قایق در آب پائین رفت
حد آن عمق گردد بدقت ثبت

بار قایق سپس برون شود این بار
شن بحدی شود دورنش بار

تا به عمقی رسد که با مجسمه رفت
بار تا به آن حد که گشته بود ثبت

گر بتدریج شن شود کنون قپان
وزن آن مجسم باشد معادل آن

س بگفت همسر زرگر بماموران
راه حلی که گفت شویش آن

که چو آنرا بسی پسندیدند
پس برفتند و مو بمو عمل کردند

شد مشخص همی ز حاصل کار
وزن فاحش نموده او اظهار

پس بفرمود شه که زرگر کذّاب
شود احضار نزد او بشتاب

لیکن او باخبر ز رنجش سلطان
دربدر گشته بود و از نظر پنهان

پس دگر باز فکر حیله ای کردند
تا مگر با خبر ز مخفی گهش گردند

بسپردند بره ای بهر محله که در آن
محتمل بود گشته او پنهان

تا که یک ماهه مسترد گردد
ذره ای وزن آن نه بیش و کم گردد

ورنه گر وزن بره فرقی کرد
صاحب آن محل میشود پیگرد

زرگر آنجا که خود در آن میبود
توله گرگی برده کنجی بسته بود

بره هر نوبتی علف میخورد
توله را بسوی او می برد
لاجرم چون که مضطرب می شد
هر چه میخورد و بی اثر می شد

عاقبت راس مدت معهود
وزن حیوان چو روز اول بود

غیر از این خانه ای که زرگر بود
وزن کلیه چون مغایر بود

شد بر آنها یقین که زرگر مکار
در آن خانه بوده کرده این کار

چون که یورش به آن محل بردند
هم بدیدنش و پیش شاه بردند

که بفرمود بهر عبرت همگان
بر فراز مناره ای شود زندان

پرت می‌شد بضرب تیر و کمان
جیره‌اش روزها دو گرده نان

روز شب پای آن مناره همسرش غمگین
گریه میکرد وبس دلش خونین

شوهرش گفت روزی اگر خواهی
تا بیائی به نزد من گاهی

مورچه ای کن تو پیدا از آنهائی
که درشتند وپا بلند وصحرائی

پس نخ نازکی ز جنس ابریشم
وصل بنما به پای او محکم

طول آن نخ بقدر این مناره بلند
انتهایش گره بزن توب نبد به بند

رشته هائی ز نخ که مختلف باشد
بضخامت یکی زدیگری فزون باشد

تا رسد بطنابی که جسم انسانی
رو به بالا توان کشد به آسانی

رفت و حاضر نمود زن وسایل کار
هم بیاورد جمله را بپای منار

گفت زرگر بروغن ارکنی تو آغشته
بینی مور نخ به پا بسته

رو ببالا گرش سپس دهی تو قرار
آید او سوی من برأس منار

چونکه از بوی روغن او شود گمراه
بخیالش بطعمه ای رسد آخر راه

الغرض زن مطابق دستور
کرد راهی بسوی بالا مور

که چو تا قله مناره ره پیمود
زرگر آن که زپای او نخ بگشود

نرم نرمک نخ نازک بسوی خویش کشید
تا بنخهای محکم و سپس طناب رسید

کرد آنرا مهار بر تن خود
تا به بالا کشد همی زن خود

پس بزن گفت ز انتهای دگر
گره زند او طناب را بدور کمر

زن چنین کرد و شوهر شد آویزان
پشت دیوار دیگری و از نظر پنهان

هر چه بالا همی کشید همسر خود
رو به پائین کشیده میشد خود

عاقبت چون رسید زن بروی منار
دید زرگر بروی زمین بحال فرار

کاو بکفش چونکه بنمودی خیانت
پس بجان بالا که باشد این سزایت

عاقبت چون ماجرا را شه شنید
چشمه دیگر ز تردستی زرگر دید

حیفش آمد هوش سرشاری چنین
راه کج مصروف گردد این چنین

پس بامرش جارچی ها این خبر
منتشر کردند و زرگر با خبر

با صداقت گر که او آید به پیش
توبه بنماید از آن کردار خویش

شه ببخشاید گناهش لطف در حقش کند
حکم تعقیب و مجازاتش همه ملغی کند

مطمئن شد چونکه او از قول شاه
نزدش آمد شد مطیع و سربراه

با ندامت کرد او خود اعتراف
آنچه کرده بوده رفتاری خلاف

شه چو در گفتار او شکی نکرد
طبق قولش بخشش و اغماض کرد

مستشار خود نمودش هم وزیر دست راست
تا نماید استفاده از نبوغش راه راست

غلام ناپاک ـ ملحک

به گرمابه روزی زنی رفت و دید
صفایی فزون تر شد آنجا پدید
تمیز و مرتب نه با قیل و قال
بسی بود آب خزینه زلال
نشسته کناری ز مردم به دور
زنی پر افاده سراپا غرور
تعارف فراوان نمودند مردم به او
همه کارگرها هوا دار او
بپرسید از دیگران نام او
مقامی که دارد همی شوی او
بگفتند رمال و فال بین بود
که مال و منالش فراوان بود
چو برگشت و شویش بمنزل بدید
حکایت نمود آنچه دید و شنید
بگفتش که تا کی به نان و پنیر
بسازیم و در نزد مردم حقیر
ز فردا بباید شوی فال بین
که تا حال و روزت شود به از این
نگردی دگر خادم دیگران
کنی ترک خدمت به این به آن
بشهرت رسی و بمالی و جلال
براحت بیابی تو رزقی حلال
چو بشنید این گفته های عیال
بدو گفت ای همسر خوش خیال

نه دانش بدارم ز غیب و نجوم
که طالع ببینم چه سعد و چه شوم
نه شیاد باشم که گویم ز پیش
بنا حق که فردا چه آید به پیش
چو زن نارضائی شویش بدید
بر آشفت و گفتش به لحنی شدید
نداری چو بر رای من اتفاق
گذشتم ز مهرم مرا ده طلاق
بناچار مردک تقبل نمود
ببازار رفت و فراهم نمود
یکی طاس رمالی و مهره اش
بر جبین و خط ها به دیواره اش
سر کوچه بنشست روی زمین
ندا داد باشد که او فال بین
از این پس زمانی نه بگذشت دیر
به گرمابه آمد عیال وزیر
چو فارغ بشد از نظافت بدید
که گوشواره او شده ناپدید
تجسس چو بنمود و شد ناامید
یک باره فکری به مغزش رسید
که شاید ز رمال زیر گذر
تواند ز گم گشته گیرد خبر
پس آنکه برهنه نپوشیده رخت
بپوشاند خود را بچادر برفت
برمال گفتا مرادش چه هست
سراپای خود روبرویش نشست
ز چادر همی روزنی باز بود
عیان بود آنچه که باید نبود
بطاسش چو خم شد سر فالگیر
بیفتاد چشمش بچادر به زیر

بخود گفت آهسته غرغرکنان
که جایی ببینم چنین و چنان
زن این نکته با گوش تیزش شنید
ناگه ز جایش پرید و دوید
تداعی بشد بهر او آن مکان
که بنموده گوشواره در آن نهان
که بود آن شکافی نه چندان عیان
به دیوار حمام و مو اندر آن
چو گوشواره را یافت آنجا که بود
بشد شاد و هم شکر یزدان نمود
به رمال انعام و هم مژدگانی بداد
هم او را بمانند خود کرد شاد
همه اهل گرمابه و ناظران
بگفتند این قصه با دیگران
نه بگرفت فال و نه غیبی بگفت
بشد شهره شهر رمال مفت
قضا را ربودند هم بعد از آن
ز دربار قلیان گوهر نشان
بدستور و رای عیال وزیر
نمودند حاضر همان فال گیر
که ظنش بر آن شد بطور یقین
که آنرا ربودند مستخدمین
پس آن که غلامان بدستور وی
تجمع نمودند بر گرد وی
نگه کرد با خشم در چشمشان
بدانسان که لرزید اندامشان
گفتا نویسم دعا تا کسی
که دزدیده قلیان و نادم بسی
بروید بمغزش چو حیوان دو شاخ
شود عبرت سایر اهل کاخ

به دربار آنکه بداد او خبر
که قلیان بیاید دو روز دگر
ز بخت بلندش بشد حدس او
درست و اثر کرد هم لاف او
غلامی سراسیمه آمد بدیدار وی
که بود آنکه این جرم بنمود وی
بیاورد از بهر او هدیه‌ها
بدست و بپایش بزد بوسه‌ها
بسی التماس و تضرع نمود
که ابلیس ملعونم اغوا نمود
دعائی نه بنما تو در حق من
که نروید همی شاخ بر مغز من
مگو شرح این ماجرا با کسی
دعایت کنم تا ابد من بسی
بگو تا که قلیان برم من کجا
بنزد تو آرم و یا هر کجا
بدل مرد رمال شادی نمود
که آن حیلتش کار سازی نمود
بگفتا غلام نکون بخت را
که نشنیده گیرم گناه ترا
بباغ اندرون کن تو قلیان نهان
خبر ده بس آنکه نشانی آن
غلام این بکرد و بدستور وی
نشانی کاجی بداد او به وی
دگر روز رفت او بدرگاه شاه
به این سو آن سو بکرد او نگاه
دعا خواند و نزدیک آن کاج رفت
عصایش بر آن زد بدورش بگشت
بامرش چو کندند اطراف آن
بجستند قلیان نهان زیر آن

چو بشنید شه کشف آن فال بین
بخواست و بگفتش بسی آفرین

سرافراز او را بخلعت نمود
به جمع ندیمان هم او را فزود

که اندر حضر یا سفر چون رود
شه ‌ر‌ا ‌ر‌کاب باید که او هم بود

بروزی بهنگام نخجیر سلطان بدید
فرا زوی او یک ملخ برپرید

بدنبال او تاخت با اسب پیش
که صیدش نماید بدستان خویش
تلاشی نمود و ز بعد سه بار
بشد غالب و کرد آنرا شکار

برمال گفتا که آید به پیش
بپرسید دارم چه در مشت خویش

جوابش ندانست رمال و با خود بگفت
ز قلیان و گوشواره جستم بمفت

ولیکن از این دام سوم درون
توانم نباشد که آیم برون

یک بار جستی و دو بار ای ملخک
بار سوم بفتادی به تله ای ملخک

بحالی که این جمله آهسته گفت
عجیبا که سلطان هم آنرا شنفت

گمان برد کاندر جوابش بگفت
نداست رمال باخود بگفت

باو معتقد شد زیادت ز پیش ‌‌‌‌‌‌‌‌‌‌‌ تفقد نمودش کرم کرد بیش

از این پس بتائید پروردگار ‌‌‌‌‌‌‌‌‌‌‌ برفق مرادش بشد روزگار

عیالش بنزدش بشد رو سفید ‌‌‌‌‌‌‌‌‌‌‌ گرامی و هم ارج و قربش مزید

بود محتمل بوده این داستان ‌‌‌‌‌‌‌‌‌‌‌ ولیکن بواقع توان دید گاهی کسان

باندک زمانی نه با فکر و رنج ‌‌‌‌‌‌‌‌‌‌‌ تو گویی که گردند دارای گنج

خوش آنکس که با جهد یا غیر آن ‌‌‌‌‌‌‌‌‌‌‌ به جاهی رسد یا که مالی کلان

نه مغرور گردد نه خود گم کند ‌‌‌‌‌‌‌‌‌‌‌ نه با دیگران ناسپاسی کند

شناسد بحق ارزش و حد خود ‌‌‌‌‌‌‌‌‌‌‌ تواضع نماید بخویشان واقران خود

بداند یقین هر چه باد آورد ‌‌‌‌‌‌‌‌‌‌‌ بروزی تواند که بادش برد

پاداش نیکی

در خراسان سال قحطی تاجری
جنب نانوائی بدید او زائری
کاو نبودی سائل و بودی رشید
حسرت و غم لیکن از چشمش پدید
پس بپرسید از چه رو باشی حزین
بیقرار و بس پریشان این چنین
گفتش او را نرخ نان باشد گران
وجه کافی من ندارم بهر آن
مانده ام اکنون گرسنه شرمم آید هم از آن
گر ستانم وجه نان از این و آن
چون که تاجر وصف حال وی شنید
قدر کافی بهرش آنکه نان خرید
این کرامت چون به وی تاجر نمود
زائر آنکه نام وی پرسش نمود
گفتش او را باشد اسم ارسلان
نوش جانت باشد این یک لقمه نان
قضا را چو شد چند سالی دگر
بگرد همره کاروانی سفر
بهنگام شب ناگهان سارقان
ببردند یورش به آن کاروان
چو بودند آنان پی صرف شام
بخواند ارسلان را رفیقی بنام
شنیدند چون رهزنان نام وی
از ایشان بیامد کسی نزد وی
بگفتش من آنم که بهرم خریدی تو نان
بسالی که میبود قحطی در آن

چو اطعام کردی مرا آن زمان
بجان و بمالت دهم من امان
بامرش بدادند دزدان به وی
هر آن چیز بودی ز اموال وی

جناب آقای پستچی
به پیوست شعر پاداش نیکی ارسال میگردد
توضیح اینکه گرچه این ماجرا بظاهر بی شباهت به داستانهای تخیلی نیست ولی در واقع حقیقت داشته است . چنین شخصی که مستقیما خود از زبان ارسلان آنرا شنیده بود ، پس از سالها برای یکی از آشنایان نقل کرده بود که او نیز پس از سالها برای اینجانب در سنین طفولیت باز گو کرد .
ضمنا شعر معروف تو نیکی می کن و در دجله انداز در این جا مصداق پیدا میکند ، مخصوصا که تصادفا در بیابان تلافی شده است
همچنین جریان شخصی که صبح زود به گرمابه میرفت و کیسه پول خود را اشتباها به سارقی داده بود ، واو درامانت خیانت نکرده و مسترد نموده بود را تداعی میکند .
این قبیل اشخاص در واقع از نجباء ارازل بوده و مراعات لوطی گری را نموده بودند .
با احترام -- شرکاء

فوت کاسه گر

نو جوانی بود چندی کارگر
نزد اربابی ز صنف کاسه گر

با گل خام و دگر ابزار کار
ساختی وی کاسه با استادکار

چونکه می پختش در کوره وی
رنگ بر آن میزدی استاد وی

می نهادی آن درون کوره باز
تا بگردد رنگ آن شفاف و باز

چون بشد طی سالها گفتا بخویش
خبره گشتم حال چون استاد خویش

پس بکرد او ترک آن ارباب خود
کارگاهی ساخت آن که بهر خود

شد حزین لیکن چو کرد آغاز کار
رنگ کاسه تیره می گشتی و تار

چون نشد فائق بر دفع نقص آن
هم ببایستی فروشد چونکه آن

لاجرم گفتا به استادش که وی
حل کند آن مشکلش از بهروی

گاو بگفتش، خدمتش یکسال دیگر گر کند
گویدش هم آنچه باید اوکند

پس پذیرفت و چوشد سال دیگر
کاسه ای بنهاد نزدش کاسه گر

بیش از آن کان را بیاراید برنگ
فوت بر آن کرد و آنگه رنگ کرد

بگفتش چو بر کاسه همواره پاشی تو گرد
بباید زدائی ز رویش تو گرد

عجین گر بگردد همی آن برنگ
شود کاسه آنگه کمی تیره رنگ

نبودی چو آگه از این رمز کار
نکردی تو فوت و بشد رنگ تار

خردل خوران سگ و بجازی خر

گر که خواهی تا بدانی در سیاست از چه او	انگلیسی شهره گشته انتلیجنت باشد او
هم بزیر پرچمش برد او ز کشورها بسی	نی غروب شمسی آنها را همی دیدی کسی
پس شنو ز پلیتیکش نمونه یک مثال	خوان حدیثی خود مفصل ز این مقال
بود مردی انگلیسی در سرائی میهمان	هم سگی بودی محافظ اندر آن
گشت جویا ز میهمانان که آیا کس بود	خردل بخورد سگ تواند او دهد
چونکه کس آگه نبوی زان کسان	حل این مشکل شود ممکن چه سان
خود برفت او نزد سگ دادش طعام	هم نوازش کرد تا شد شاد و رام
ناگهان خردل بمالید او همی بر مخرجش	لاجرم شد سگ ذلیل از سوزشش
قد بداد عقلش چنین آن بی زبان	تا که خردل را زداید با زبان
معجلا خردل بلیسیدی ز یکسو با زبان	سوی دیگر خورده می شد خود بخود راه دهان

ماجرای سگ بخاطر آورد ارباب خر
که نرفتی با لجاجت اندر طویله سخت سر

پس بگرداندی خرکچی پشت حیوان رو به در
از عقب او خود برفتی در طویله جای سر

که خر لجباز دیده چونکه بودی زیر بار
بنشستی بر زمین و می نبردی هیچ بار

پس خرکچی هم رفیقش بار او را ناگهان
رو ببالا میگرفتند و شدی خر شادمان

چونکه پنداشتی که بارش برده اند
بی خبر کان را معلق در هوا بگرفته اند

تا بایستادی و برپا میگرفتی او قرار
بار بر پشتش نمودندی سوار

هم خرکچی بهر آن که او ره رود
بی تامل میپراندی سوی ماتحتش لگد

آری، آری گر خرکچی می برفتی مدرسه
هم بخواندی جبر و فیزیک و حساب هندسه

اهل دانش می شدی نی آنکه همراه حمار
در سیاست هم توانستی نماید ابتکار

شاباجی خانم

شاباجی خانم گفت به کلثوم ننه
کاین دل من یکسره شور میزنه

بسکه خیال بافد و لرزد مدام
کرده همی روز و شبم را حرام

واهمه دارد ز نظر هم ز قضا و بلا
گو بخورد بر سر فامیل و عزیزان ما

یا به زر و زیور و اسباب ما
کلبه اجدادی محبوب ما

وانت مستحکم ور هوار ما
ضامن روزی و سور و سات ما

باجی چو بس کرد که گوید دگر
گفت باو کلثوم صاحب نظر

ای باجی جون خل شدم از دست تو
درک نکردی تو چرا چاره این درد تو

عقل خر مشدی غلومی که پیازی بود
فاش بگویم ز تو افزون بود

چون که نظر قربونی و مهره خر
میزند او را تا نزنندش نظر

یاد بگیر و تو همان کار کن
دانه اسفند بسی دود کن
هر که بدیدی که شناسد تو را
یا که بیاید که ببیند ترا
سعی بکن ضمن سوالی که زحالش کنی
این کلمات راکه توچاشنی کنی

چاقوی دسته سیاهی نوک آن باشد تیز
رو فراهم کن و آنرا بنه بر سر میز
میخ و سیخ و نمک و سوزن و اموال و ذغال
قسشه وپیچ و همی هفت بهر صورت و حال
خانه ات چونکه بیاید تو سپس پوست کن
یک خیاری و نمک بر آن زن ۱

رنگ مشکی تو بپوش و زسیاهی بگو
سخن از هر در و هرجای به او

گر بخواهی که از این نیش تو محفوظ شوی
بایدت جمبل و جادو بکنی بیمه شوی

گاردماشین بروی نزد غصنفر جن گیر
مهره مارو طلسمت بدهد بازنجیر

یاکه باماشین بروی نزد غصنفرجن گیر
مهره مارو طلسمت بزند بازنجیر

که بگردن تو ببندی و دعایی که بدستت
کز همه حیث خیالت بود کامل تخت

گر در آنی تو بخواهی که کشی چشم حسود
رو نمک گیر ز تی وی یهود

کاو خبر داد شناسد نفر متبکری
کرده تحصیل و ز کلثوم یقین خیره تری

چون بدیوار زده عکس نمکدان که کند
بی اثر گر که کسی خانه او چشم کند

واقعا جای تاسف که در این عصر فضا
عده ای اهل خرافات و نظریاکه قضا

بس تعجب ز کسانیکه چنین مرتعند
فکر موهوم نمایند و به واپس نگرند.

فرزند نااهل و پدر دور اندیش

تاجری بودی خردمند و هزاران مال وی
ناخلف بودی همی فرزند وی

روز و شب اندر پی لهو و لهب
غایت مطلوب وی عیش و طرب

سور چرانان گرد وی پروانه وار
همره وی میگساری مینمودند و قمار

پس همی دادش پدر هشدار و پند
تا که عمرش را نه بنماید تبه با آن روند

هم بگفتی این دغل یاران تو
کاین چنین لذت برند از مال تو

گر شوی روزی فقیر و مستمند
یکسان ترکت نمایند و براه خود روند

چون نگشتی این نصائح چاره ساز
راه کج آن بیخبر میرفت باز

چون به نزدیک رحلتش آن فکر اندیش پیر
گفت با وی کاین وصیت گوش گیر

چون برنجانی مرا اندر حیات
کن تو زو حم شادمان بعد از ممات

از تو خواهم گر شدی محتاج و خوار
کرده ام آماده بهرت چوب دار

کن تو خود مصلوب با آن بیدرنگ
کاین ز عمری به بود توام به ننگ

الغرض شد طی چو عمر آن پدر
هرزه یاراقش بدیدند آن پسر را بی پدر

بر هدر دادند بهر عیش خویش
ثروت و مالش همی افزون ز پیش

تا که دیناری ز میراث پدر باقی نماند
بهر قوت لایموتش ناتوان عاجز بماند

زآن طفیلیها چو همراهی بخواست
ناجوانمردی بدید و از ملالش کس نکاست

لاجرم بهر خلاصی از چنان وضع نزار
خاطرش آمد وصیت خود کشید آنکه بدار

ناگهان بشکافت لیکن چوب دار
از درون فش ریخت بیرون زر بیشمار

پس بشد آگه ز دوراندیشی و مهر پدر
عیش و یاران ترک و بگرفت همی جای پدر

حماریه

بقصد چرا رفت اسبی چموش
باطراف رودی بنزد وحوش

نه چندان فراتر کناری دگر
نمودش خری ماده جلب نظر

سفید و قوی، هیکل و خوش خرام
نبودش بدست کسی او را لجام

تابان برفت او بنزدیک وی
که گیرد همی کام دل تا زوی

سماجت نمود و لگد خوردن آن بینوا
ولیکن بکرد عاقبت کام خود را روا

الاغک بشد باردار و سپس هم بزاد
یکی کره قاطر مرکب نژاد

چو شد صاحب اسب آگه از این
بگفتا بصاحب الاغ این چنین

که این کره باشد همی ز آن من
شده نطفه اش حاصل از اسب من

بدادش چنین صاحب خر جواب
بود ادعایت بسی ناصواب

چو خر بارداری و سختی کشید
هم از شیره جان وی کره آمد پدید

نشد چون که حاضر دهد کره را
بپایان رساند هم این قصه را

بقاضی شکایت ز وی صاحب اسب کرد
چنین ما وقع گفت و تفهیم کرد

که بر فرض باشی الاغ ای جلال معاب
بحال چرا در لب جوی آب

برویت رود آن که از اسب من
رسد صاحب راهی کره یا آنکه من

بقاضی بدین سان اهانت چو کرد
بر اندیشه ز خود مشکلش حل نکرد

کنون ای تو خواننده این سطور
حکم شو تو بین دو صاحب ستور

قضاوت چنین کن تو با این حساب
که نسوزد نه سیخ و نسوزد کباب

بجبر طبیعت بناحق تو حق قوی
بچرخان که در ختم دعوا موفق شوی

تخم فیل

در دهاتی مردکی بودی همی بی کسب و کار
دربدر جویای کار و بس پریشان روزگار

شد رفیقش آگه از احوال وی

کاوز روستازادگان بودی چو وی
گفتش ار راهی سوی تهران شوی
در برویت باز و مستغنی شوی

گر کند بخت تو یاری و بزاری پشت کار
باشد آنجا بس فراوان کسب و کار

رهنمود آن رفیقش چون شنید
زو به تهران رفت با بیم و امید
گشت حیران مردمان و کوی برزنها چو دید
نرم نرمک رفت و آن که به میدانی رسید

دست مردی چرخ دستی دید و نارگیل روی آن
در صدد شد تا بداند چیست آن

پس بپرسید چیست نامش چند باشد قیمت آن هر منی
هم که باشد گوی بازی یا که باشد خوردنی

داد پاسخ تخم فیل است این و مثل تخم مرغ
گر بنشینی بیست روزی روی آن مانند مرغ

جوجه فیلی زآن بدر آید قیمتش یکصد تومن
خود فروشم لیک آنرا یک تومن

چون بدانست ارزش فیل و بهای تخم آن
شادمان گشت و بشد خواهان آن

نزد خود گفتا رفیقم حق بگفت
در برویم باز شد بی رنج و مفت

نارگیلی پس خرید و سوی ماوایش بهی
شد روان بی آن که اندیشد دمی

جامه زیرش بکند وبرکمر لنگی ببست
روی نارگیل جای خوش کرد و نشست

بعد چندی شد رفیق رهنمایش باخبر
کرده رجعت مرد بیکار و بود وی بی خبر

پس بدیدارش برفت و ماجرایش را شنید
زیر لنگش را بدید و بانگ شادی برکشید

گفتش او را شکر حق کن چون کنون
کرده خرطوم عزیزش سر ز لاک خود برون

جای خود محکم نشین چون فیلبان
توریاقی آماده بنماید فیلت هم مکان

سه زن

بود مردی مومن و اندر رفاه
کسب و کارش سود بخش و روبراه
گشته حاجی هم که میبودش سه زن
مهربان بودند با وی هر سه زن
لیکن آنان چون رقیبانی دگر
یک دل نبودی همی با یکدگر
دخل حاجی چون بزودی شد مزید
بهر آنان وی هدایایی خرید
گلوبند بودی و گوشواره و حلقه ای
بهر یک عطا کرد وی قطعه ای
بگفتا به آنان پس اندر نهان
نگویند باید بدیگر کسان
ولیکن چو طاقت نبودی همی
زبان را که بندند آنان دمی
از این رو اشارت کنان نی عیان
بکردند افشا بدیگر زنان
عیالی که حاجی به وی حلقه داد
بکردش به انگشت و میبود شاد
بحالی که با آن بدادی نشان
حیاط سرا را بدیگر زنان
بگفتا بکردم خود آن را نظیف
بغایت همی گشته بودی کثیف

نگفتا که حاجی به وی آن بداد
ولیکن بهر سان نشانش بداد
چنین دید چون زوجه دومی
که گوشواره بگرفته بودی همی
کف دست بنهاد بر پشت گوش
بگفتا چه گفتی؟ نبودم بگوش
بدیدند گوشواره را آن زمان
به ترفند رویت نه راه بیان
ز اطوار آنان زن سومی
که سهمش گلوبند بودی همی
برآشفت و پیراهن خود گشود
گلوبند خود را هویدا نمود
بزد مشت بر سینه نفرین بداد
که خواهم شما را تن سر مباد

نانوا و بینوا

به نانوای محله بینوائی شد بدهکار
بنودی مدتی چون بهر وی کار

گه که نانوا می‌شدی جویا ز وی
پس چه خواهد شد همی آن قرض وی

او مکرر می‌بدادش این جواب
عاقبت یک طور گردد این حساب

تا که شد آشفته روزی نانوا
خلف وعده بس بکردی بینوا

وزنه‌ای پرتاب کردش سوی وی
کله‌اش بشکست و شد شاکی ز وی

چون که شرح ماجرا قاضی شنید
از توافق مصلحت بهتر ندید

پس بفرمود آن که مرد بینوا
ترک دعوایش کند از نانوا

هم زمان قرضش ببخشد نانوا
بهر رفتارش که بودی ناروا

لاجرم گشتند راضی هر دو تن
ماجرا هم شد بدینسان ریشه کن

بینوا آن که به نانوا این بگفت
هان بدیدی وعده میدادم درست

عاقبت یک طور شد آن تسویه
خود ندادم نقد و شد آن با دیه

عاقبت هر مشکلی آسان شود
هی نباید کس هراسان زان شود

حال اگر جانا بود نرخت همان
گو که آیم باز و گیرم نسیه نان

۱

یادگاری...۷۵

الخیر فی ما وقع

کاروانی عازم حج بود و مرد مومنی
با الاغش همره آن شد ز بهر ایمنی

از پی هر واقعه گفتی که خیر است اندر آن
لو که خیری می ندیدی کس در آن

چون مکرر این عقیدت وی بگفت
کس نیارستی دگر آن را شنفت

تا که بهر امتحان از قول وی
چون برون بهر طهارت رفت وی

یا علی گفتند و از صحن سرا
ببردند الاغش به بام سرا

چو وی باز آمد ز آنان شنید
خرش را بدزدیده دزدی پلید

بگفت اندر این ما وقع نیز خیری بود
که تلخ است لیکن مقدر بود

قضا را بواقع گروهی ز غارتگران
شبانگه ببردند اموال آن دیگران

سپس چون ز نیرنگ یاران بشد با خبر
بگفتا که شاهد ز غیب آمد و معتبر

الاغک اگر مانده بودی بروی زمین
نمی رست از دست دزدان یقین

کنون ای رفیقان غم جان شما را مباد
که خیر است هم اندر این رویداد

مقدر چنین بوده کاین خر همی
بماند ز بهر سواری به هر آدمی

که رنجور باشد و یا خسته و ناتوان
چه کودک چه نسوان چه پیر و جوان

بیایید طلب کرد اکنون مدد از خدا
که ما را سلامت رساند به بیت خدا

جناب پستچی

پس از سلام و استعلام از صحت مزاج شریف به پیوست شعر الخیر و فی ماوقع ارسال میگردد .
بطوریکه ملاحظه میفرمائید در این طرف دنیا هم بفکر کیهان بوده و این دومین شعری است که طیمدت نسبتا کوتاهی ارسال میشود .
و اما در خصوص الخیر و فی ماوقع که عقیده جبریون میباشد (که میگویند رضا بده به رضا او و یا اذاجاء اجلهم و یا بگفته خیام : اسرار ازل را نه تو دانی نه من)
و البته بحث در این مبحث فلسفی بحث بر انگیز است   جبر و اختیار در صلاحیت فلاسفه است . فقط از یک نقطه نظر تصور میکنم اشخاصی که واقعا به جبر ایمان دارند ، پیش آمد های ناگوار و سختی ها را راحت تر تحمل میکنند و با گفتن مقدر چنین بوده و یا مشیت الهی در این بوده خود را قانع و زودتر آنها را فراموش نموده

و به زندگی روز مره خود ادامه میدهند. در صورتیکه معتقدین به اختیار در این قبیل موارد اغلب خود را سرزنش کرده و دنبال توجیه حوادث میروند که مثلا اگر فلان احتیاط یا اقدام را مرتکب نشده بودند دچار مصیبت و مخمصه نمی شدند و بالنتیجه بیشتر متاثر شده و دیرتر آنها را فراموش نموده و زندگی عادی آنها مدتها مختل میشود .
تا واقعیت چه بوده و نظر جنابعالی چه باشد   شرکاء

استخوان لای زخم

مرد قصابی چو بشکست استخوان بره ای
زان به چشمش جست تا که ذره ای

چون معذب شد همی از درد آن
نزد کحالی برفت او تا نماید رفع آن

کاو بشست و مرحمی بر آن نهاد
ران چاقی مرد قصابش بداد

روزها مرحم مکرر مینهادی بی اثر
میستادی بهر آن رانی دگر

بعد چندی وی سفر کرد و ز بیماران وی
سرپرستی می نمودی پور وی

شرح دردش چون ز قصاب او شنید
لاتی زخمش استخوانی وی بدید

درنگی نکرد و برونش کشید
جراحت بدین سان به پایان رسید

بیامد چو کحال و قصاب دیگر ندید
بپرسید آنکه چه بروی رسید

بگفتش پسر با غرور آنچه کرد
که بنمود آسوده وی را ز درد

بر آشفت کحال و گفتا هم او
بدانسته خود ریشه زخم او
معطل از این رو بکردی مداوای آن
گز این بیش گیرد ز قصاب ران

جناب پستچی

محترما – بپیوست شعر مربوط به (استخوان لای زخم) ارسال میگردد. ضمنا وظیفه خو.د میدانم که بمصداق (من لم یشکر المخلوق لم یشمر الخالق) مراتب تشکر خود را از حسن برخورد جنابعالی با شعر و بحر طویل و نامه های ارسالی حقیر و انطباغ آنها در ستون پر متون قلیل المکان (بغل دست) که باعث تشویق داعی بادامه ارسال اشعار آتی شد ابراز نمایم . – تا همین حد هم بسیار مغتنم بود زیرا متوجه شدم که با وجود بضاعت منرجات ادبی اقلا مردود نبوده و در حد تجدیدی میباشد و سه ماه تابستان های زیادی لازم است دود چراغ خورده تا دراوین شعرای واقعی را مطالعه نمایم تا بحد قبولی برسد.

با عرض معذرت از تضیع اوقات شریف   با احترام   یوسف شرکاء.

مناظره کارگر با کامپیوتر

کارگری گفت به کامپیوتر از فرط غم
وه که چه بابا نمودی ستم

قصه تو انواع کار کرده بهر صورتی
صنعتی و دفتری وخدمتی

چیپس تو خواهم نشود ری زتر
تا نشود قدرت آن بیشتر

رکن وجودت، مموری کیج باد
تا نتواند که سپارد به یاد

هر چه که تلقین شودش بی حساب
از هنر و هندسه و از حساب

کاش به افزار تو هم نرم و سخت
ز سوی ویروس رسد لطمه سخت

تا که ز جور تو رهد کارمند
مفلس و بیکار نگردد، نشود مستمند

کز پی بیکاری هریک نفر
برکس و کارش برسد هم ضرر

وحله اول که تو ظاهر شدی
مجری اعمال ریاضی شدی

یک تنه آناً تو بدادی جواب
پاسخ هر مشکل و هر احتساب

هر که تو را دید بشد عاشقت
تا ببرد بهره زکار آمدت

هم گذرد حاجت او زودتر
هم که نه لازم شودش کارگر

بیمه و مسکن تو نخواهی از او
روز شب آماده بفرمان او

گر که عملکرد تو محدود بود
رشته خاصی و جداگانه بود

روی بکار دگری شد نمود
روزی خود گبک از آن ره نمود

لیک بآن یابد نه کاری بود
در پدران را که پذیرا بود

کارگرانی که گرفتی توز بازار کار
تا که بسازند و برندت بکار

هیچ نگشته است همی کارساز
عده بیکار کثیر است باز

گر چه بتغییر تو چوشد بس کساد
عامل دیگر شده هم اقتصاد

لیک نه چندان که بپایت رسد
آتش بسیار بجانت فتد

یادگاری..۸۴

یادگاری..۸۵

بحر طویل ها

درد دل تلفن

ای بشر ، ای بانی نیکی و شر، من تلفن آلت مصنوع گرفتار تو باشم که با فشار ببستی تو به دیوار مرا و نکنی هیچ توجه و نوازش بمن بیکس و آزار ، و بالعکس چو گشتی عصبانی ز مخاطب چه بحق یا که بناحق ، تو بکوبی بسرم گوشی بیچاره بدبخت و روی از پی کارت که چو خواهم که خجالت دهمت تا بخود آئی و بدانی تو چه مخلوق ز خود راضی بیرحم و دفاعی بکنم بهر تو تشریح کنون جنس دو پا تا بچه پایه شده وابسته و پابند بمن، چون یقین هیچ بفکرش نفتادی که تعمق بنمائی و بفهمی که به جرات بتوان گفت عمو بل که بشد مبتکر و طرح مرا ریخت ، گرامر ور شود زنده و بیند که بهر نقطه و ده کوره که آنجا نفسی هست زمن هم چو خوراکی و چو پوشاک اثر هست ، همی شاخ بر آرد بخصوص آنگه بفهمد که دگر باتری آبی اسیدی نبود لازم و هم سیم هوائی که به زدند و شود قطع ز طوفان و یخ و برف و کنون جایگزینش شده کابلی که بود زیر زمینی و ز بالا بزنم طعنه بماه و تسمه از گرده همواره کشم تا که مدد کاری او را بکنم جلب بنحوی که هر آنکس که بهر جای بود ساکن این کره خاکی چو دهد قلقلکی با سر انگشت مرا زود جواب شنود از طرفش بی کمک و واسطه بر عکس روالی که همی بود ز اول.

الغرض وصف خودم را بتوانم ز موارد و زوایای مفصل بتو گویم که شروعش کنم از خانه و از خانم موجود در آن چونکه بود پر دلم از دستش و بیش از همه زجرم دهد از صبح چو از تخت بزیر آید و صبحانه خورد یا نخورد زود بسر وقت من آید بگذارد جلو گوش و لبش گوشی مفلوک مرا چو مسلسل بزند زنگ به همسایه و این خاله و آن عمه و جویا شود از جشن عروسی هتل هیلتون و ارکسترش و اغذیه و مشروبش و از فرم لباس ها که مهمتر از همه ، غیر عروسی ، مادر داماد و عروس و چه هدایا که بدادند و چه ها سرو نمودند و چه و چه ،که نشد فارغ از این دست مسائل بزند زنگ و کند وقت معین

که رود بهر مانیکور و پدیکور و فلان سالن زیبائی و طراحی و خیاطی و دستور دهد تا که چه منجوق شود نصب به آن ماکسی و والان پلیسه بلباسی که ز ابریشم و از نوع طبیعی که بدیده است تدارک که بپوشد شب عید و هم از این زنگ زدنها فراوان که بود شمه ای از آنچه از این سو بزند خانم و از سوی دگر نیز چنین بحث و مسائل رسد از راه و گله ها و شکایات که دارند عروسان ز کس و کار و ز شوی خود و هم خواهر و هم مادر او ، یا که گر مدرسه تعطیل بود دختر و پسرها بمیان آمده و گرل فرند ها پی تعیین ملاقات بر آیند که در دیسکو و در کافه و یا خانه ببینند رفیقان خود و کیف نمایند و زهر حال الی بوق سگ از اینطرف و آنطرف خط بزنند زنگ و در اثنا و خلالش بشود غفلت و اطفال بسی صدمه ببینند و چه ته دیگ پلو ها که بسوزد و خورشها بشود شور و شود قسمت آقای نگون بخت که شب جمله بلمباند و هم به به و چه چه بنماید که مگر قشقرقی پیش نیاید که خورد لنگه کفشی سالم برهد سوت کشد کله او آخر و چون زین مخمصه سالم برهد سوت کشد گله او تا که بیند رقم بیل که مانند کلنگی برند ضربه جانانه به اعصاب خرابش که ز ترسش نتواند بزند جیک.

بشنو اکنون تو ز آقا که اگر نوکر دولت بود او چون که سحرگاه ز منزل بدر آید برسد مرکز کارش بزند زنگ و گزارش بنماید به رئیسش جریانات امورش و سعایت ز فلان عضو که پشتش به از او باشد و بعدا بزند زنگ که پیدا بکند سکرترش را که مرتب برود نزد رفیقان و زند گپ و خورد چای و پس از آن بزند زنگ و ز هم رتبه بپرسد که ز ترفیع و مزایا چه خبر ها و چه ارباب رجوعی دم جک باشد و او را بشود تیغ زد و کی بتوان جیره این ماه ز صندوق و ز طلبکار رها گشت و بدین نحو بقدری بزند زنگ که بمردم نه براحت برسد نوبت و فرصت که بگویند همی حاجت خود را .

گر که تاجر بود آقا بزند زنگ به اینجا و به آنجا و بپرسد نرخ دلار و دگر اجناس که بیند چه صلاح است که امروز خرد یا بفروشد و ز موجودی اجناس چه کسر است و چه لازم که سفارش دهد و جور نماید و از آن پس ز چپ و راست زند زنگ به آنان که ندادند همی قرض خود و بعد کند سعی بیابد و زند تور دگر مشتریانی که به آنها بکند قالب و زبر و بنجل موجود در انبار و بهر قدر که تیغش ببرد قیمت بالا بفروشد و سپس زنگ تا که بپرسد که فلان کشتی اجناس چه موقع رسد و بندر مربوطه کجا باشد و چند روز شود تخلیه بارش که کند پیش فروش و برسد زود بپولش .

ز نظر گاه عمومی چو بکارم خللی پیش بیاید بشود منعکس اندر همه ارکان ادارات چه

ملی چه نظامی و چه غیره که رسد لطمه بسیار اگر رفع نگردد و اگر آن که بناگاه بلا یا خطری جانی و مالی چه خصوصی چه عمومی عیان آید و گر من نرسانم بکمک دکتر و دارو و مددکار ، و یا گر که حریقی بوجود آید و فی الفور خبر را نرسانم بهر آنجا که بباید ، چه جانها بخطر افتد و اموال بسوزد و شود باعث بیچارگی و بی سر و سامانی و اخلاص

خواهم اکنون که دهم خاتمه این بحث و جدال اشارت بنمایم بزمانی که ز مهواره آواره نبودی خبر و ، روز چو در نیمکره ای بود ، در آن نیم دگر شب برسیدی ، همه عازم سوی کاشانه خود گشته و کارها همه تعطیل شدی و به من خسته مجالی برسیدی که براحت بکشم یک نفس تا بشود روز دگر روز نو روزی من هم از نو

لیک از آن گاه که مهواره ملعون بمیان آمده و مربوط بهم کردهمی نیمکره ها را بفزود رنج عذاب من بیچاره و دیگر نکند فرق شب و روز و هر آنکس که کشد عشقش و خواهد بسحر یا دل شب یا که نه در وقت اداری و ز طیاره و ماشین بکند صحبت و یا فکری و یا آن که بمعشوق پیامی بفرستد نبود غم چو مخاطب نبود بر سر کارش ، من بیچاره بباید بکشم جورش و از هر کس و ناکس چه بگیرم و چه آن را برسانم که قرار است از این پس بشود قوز بالا قوز و شود ناقل تصویر که بی زحمت و آسان نبود ، لیک ندانی که چه رنج آوره و موهن بود آن بی پر بی پیر که تحمیل بمن گشته و جایم شده در جیب که تاریک و معذب و خصوصا که گذارند مرا اغلب اشخاص بجیبی که بود داخل شلوار و تو دانی که چه ها بگذرد آنجا !

آنچه فی الجمله در این نامه چه جدی و چه طنز و هم از این شاخ به شاخ نگفتم بتواند که منظم شود مستند و سوژه یک جلد کتابی که دهد شرح دگر گونی فنی که ز پیدایش من تا بزمانیکه در آیم بانجام رسیده ، که بدانند جوانان که چه بودم ، چه شدم ، هم که نه یکباره باین شکل رسیدم

رنجش تلفن از لقب چسی فن

این خبر خواندم به کیهان اینکه اندر شهر تهران بر سر هر کوی و میدان موبایل بینی فراوان دست مردانی رسیده نو بدوران کان بنهدی بر بنا گوش و تو گویی میگویندی اذان و میکشیدی بر رخ یاران و خویشان هم که قمپز در کنند و رنجه ایشان تا بطعنه گشته عنوانش کنون بین ظریفان (چسی فن)
می نزنند چون که براو این لقب این گراهام زاده خادم به مردم روز شب و بحق بود رنجد اگر گوید چنین :
ای بشر ای بانی نیکی و شر گر که خواهی که بدانی که بفکرش نفتادی که بدانی که چه حد قدر ندانی که بافسار ببستی تو بدیوار مرا و چو برنجی ز مخاطب چه به حق یا که بنا حق تو بکوبی بسرم گوشی بیچاره و گویی به موبایلم تو (چسی فن)، پس کنم بهر تو تشریح کنون جنس دو پا تا بچه پایه شده وابسته و پایبند بمن که توان گفت بجرات که (عمو بل) که بشد مبتکر و کرد مرا خلق اگر امروز شود زنده و ببیند که بهر نقطه ده و کوره نیاز است باﺑﺪاع وی اکنون چو خوراکی و چو پوشاک همی شاخ بر آرد و مسلم کند او شک منم (جعبه جادوئی لوطی)و مضافا چو بداند که دگر باتری آبی اسیدی نبود لازم و هم سیم هوائی که بدزدند و شود قطع ز طوفان و یخ و برف و کنون جایگزینش شده کابلی که بود زیر زمینی و ز بالا بزنم طعنه بافلاک و کشم تسمه هم از گرده مهواره آواره که پیوسته بهم نیمکره ها را و جهان را و از این رو نکند فرق دگر روز و شب و گشت فزون رنج مکافات مرا چون که بهرگاه و بهر جا ی در این کره خاکی چه ز طیاره و ماشین چه کشتی و ز غیره چو کسی قلقلکی داد مرا با نوک انگشت هماندم بشنود زود جوابش ز طرف بی کمک واسطه و غم نبود (فکس)و پیاپی چو فرستد و مخاطب نبود بر سر کارش که بناچار کشم جورش و از هم کس و ناکس بکنم اخذ و کنم ضبط که که آنرا برسانم و چو خواهند که رایج بنمایند بهمراه تصاویر دگر می بشود قوز بالا قوز و کلامم بکنم ختم باین

(بی پر) بی پیر که رنج آور وموهن بوده ، آنگه که بجیبی بگذارند مرا کارگران داخل شلوار و تو دانی که چه ها میگذرد آنجا
الغرض آنچه فی الجمله بگفتم ز سر رنجش و دردم چو بخوانند جوانان بکنند درک چه بودم .. چه نبودم هم یکباره موبایلی نشدم آماده مانند هلو تو گلو

منظور از جعبه معروف لوطی غلامحسین است
گراهام بل مخترع تلفن

۱

تازه به دوران رسیده ها

از لواسان اصغری آمد به تهران با عیالش گلپری تا آنکه گردد ماندگار و هم نماید کسب و کار و خوش چو آمد استخاره شد همی دلال ملک و استجاره گه گهی هم ملک ارزانی خرید و نفع او شد از از فروشش بس مزید و مایه اش همپای اعیانان رسید و همچو آنان کاخ ویلائی خرید. بشنوید از گلپری سرگرم کیف و خود سری مست ازمنال شوی خود نشناسد از سرپای خود گفتا به آرایشگرش شهلا که بودی خرجش از کسب و کار اصغری کاکنون ز اشرافان بدارد برتری . خواهد معاشر گشته با آنان هم آید هم رود همبازی رامی شود پایش بجای پای آنان او نهد . شهلا بگفتش خانه ات باید که تزئینش کنی و فرش و اثاثش جمله اعلاتر کنی . راننده استخدام و نام اصغری شهرام و نام خود همی پروین و فامیلت جهانبانی کنی آنگه خبر دارم کنی . پس گلپری همت نمود و هر چه گفت او آن نمود و دعوتش بنمود و آمد سان بدید و عیب و ایرادی ندید او جزء نبودی انبرک در ظرف قند نقره ای ، گفتش پری را کاین زماها بهتران گویند مردان جملگی ادرار مایع چون کنند دستان خود حائل کنند و نا بشسته راه خود تغییر روند زاین رو بباید گیره ای در دست گیرند و همی قندان نیالایند و بهداشتی بود این کارشان . باید گذاری انبرک بر طبق این آدابشان . شهلا برفت و هر که ز این اشراف آمد نزد وی تعریف پروین بکرد و شوی وی گفتا که زوجی بینظیرند و فلان و بهمدان و حیف باشد از بخش ماه آتی نزد ایشان می نیائید و یکی سور مفصل می نلملاند و یک همپالگی بر جمع یاران هم بیافزاید و این سان دعوتی بنمود از جمعی و اندر روز موعود او برفت و انبرک چایش ندید و لاجرم علت بپرسید و پری سوی توالت بردش و دادش نشان. ، انبرکی سیمین بدن بنهاده در جنب لگن ، شهلا چو دید این جاهلی گشتش تداعی زاغکی کاو شد پی کبکان روان تاره رود مانندشان نابرده
حاصل زاین تلاش و قصد خود رفتنش زیاد آن رفتن معمولی خود آری چه به هر کس شناسد قدر خود بنهبد حد گلیمش پای خود- تا نزد اقران و کسان محفوظ ماند حرمتش - عمرش براحت بگذرد بر وفق میل باطنش...

یادگاری..۹۲